Zwischenräume

Chiemgau-Autoren e. V

© 2021 Chiemgau-Autoren e. V.

Layout: Reinhold Schneider

Coverfoto: Reinhold Schneider

Covergestaltung: Reinhold Schneider

Redaktion: Uta Grabmüller

Herstellung und Verlag: BoD – Books on Demand, Norderstedt

Gedruckt in Deutschland

Bibliografische Information der Deutschen Nationalbibliothek:
Die Deutsche Nationalbibliothek verzeichnet diese Publikation in der Deutschen Nationalbibliografie; detaillierte bibliografische Daten sind im Internet unter http://dnb.dnb.de abrufbar.
ISBN: 9783753496566

Das Coverfoto zeigt zwei in geringem Abstand nebeneinander stehende Birken im Renkenweg in Prien im Monat April 2021. Der Raum zwischen ihnen kann ebenso wie der Raum zwischen den Baumkronen und den Wolken sowie der Raum zwischen den einzelnen Wolkenbändern entsprechend dem Titel dieser Anthologie als Zwischenraum betrachtet werden.

Zwischenräume

Herausgeber:
Chiemgau-Autoren e. V.

Inhaltsverzeichnis

Vorwort

Liebe Leserin, lieber Leser,

von einem Tag auf den anderen war alles anders geworden. So wesentlich anders als alles, was wir bisher in unserem Leben gewohnt waren.

Hinter uns liegt ein Jahr, in dem die Bemessung von Abständen zwischen Menschen zum allgegenwärtigen Thema wurde. In welchem diskutiert wurde, was sich in den Zwischenräumen eigentlich abspielt, zum Beispiel in jenem (früher kaum beachteten) Zwischenraum zwischen uns und den anderen Menschen, wenn wir im Supermarkt unseren täglichen Einkauf erledigen oder aber, wenn wir im Zugabteil und im Wartezimmer sitzen. Indem oft nichts wichtiger war als jener Raum zwischen uns und unseren Liebsten, wenn ihre Gesundheit und ihr Wohlergehen plötzlich auf dem Spiel standen.

Diese Zeit erscheint wie eine Zwischenzeit – wir harren aus, ohne dass das Ende, das Ankommen wirklich in greifbarer Nähe wären. Wir halten durch, ohne zu wissen, wann wir das große Ziel erreichen werden, wann wir alle wieder sicher sein und unbekümmert unseren Lebenszielen und unserem Glück nachgehen werden.

Die Chiemgau-Autoren haben die Zwischenzeit genutzt. Sie haben das fortgesetzt, was ihnen am Herzen liegt: die Abstände zwischen Realität und

Fiktion literarisch auszumessen, die gedanklichen Lücken mit Fantasie zu füllen, schreibend alte Räume zu erkunden und neue Räume zu eröffnen. Aus acht Vorschlägen haben sie das Thema „Zwischenräume" gewählt und es in Kurzgeschichten, Gedichten und Prosa-Miniaturen zum Leben erweckt. Mit schelmischem Augenzwinkern durchforsten sie die Fallgruben des Alltags und enthüllen den ein oder anderen Riss in unserer modernen Gesellschaft. Gedankenvoll steigen sie hinab zum verlorenen Glück des Gesterns oder klettern empor zu einem fantastischen Blick auf das Morgen. Mit kriminologischem Scharfsinn erkunden sie, was denn nun wirklich hinter dem morschen Mauerwerk versteckt ist (oder eben auch nicht).

Im Namen des Vereins der Chiemgau-Autoren wünsche ich Ihnen viele erfreuliche und anregende Entdeckungen auf Ihrer Reise ins Reich des Dazwischen.

Martin Trautwein
Grassau, April 2021

Der Morgen zwischen den Arbeitsplätzen

Barbara Ammer

Wenn ich das Alte hinter mir lasse, kann ich das Neue beginnen. Auch das Alte war einst das Neue. Es klang damals vielversprechend. Die Vorfreude zu erleben, war großartig. Die Spannung im Leben konzentriert sich stets auf die Wartepositionen. Ich fülle die Zwischenräume seit Jahrzehnten in gewohnter Weise mit Unruhe. Der Stress raubt mir den Schlaf. Ich liege zwischen zwei Mobiltelefonen. Nur so kann ich entspannt zur Decke starren, bis ich einschlafe.

Der aggressivste Klingelton, den ich auswählen konnte, beendet die kurze Nacht. „Morgen! Sie wissen aber schon, dass wir die nächsten vierzehn Tage noch mit Ihnen rechnen. Ihr Dienst beginnt heute um 7 Uhr. Bis später, wir sehen uns!" Er hat aufgelegt. Ich kann nichts sagen und starre in meinen Kotzeimer, sein roter Boden starrt zurück. Aus der Vogelperspektive fühle ich mich zumindest über den roten Eimer erhaben.

Sobald der melodische Klingelton des anderen Smartphones ertönt, verändert sich mein Gemüt. Die sanfte Unterbrechung meiner Anspannung lässt vor meinem geistigen Auge Schmetterlinge tanzen. Nach dieser kalten Winternacht sehne ich den Frühling herbei. Ich melde mich mit meinem vollen Namen, wünsche einen guten Morgen und werde sogleich mit den raffiniertesten

Überzeugungsfloskeln überschüttet. Wie habe ich nur all die Komplimente verdient? Wie konnte ich dermaßen überzeugend wirken? Allein für meine Ausstrahlung werde ich über alle Maßen gelobt. Meine gezeigte Leistungsbereitschaft, meine Fähigkeiten und meine Stressresistenz werden nicht erwähnt. Aber das ist kein Grund, bereits jetzt auf den Neuen zu pfeifen. Er verabschiedet sich immerhin sehr höflich, und wir versichern uns gegenseitig, dass wir uns auf den Beginn des Arbeitsverhältnisses freuen.

Inzwischen ist die Zeit fortgeschritten. 8:30 Uhr ist offensichtlich zu spät, um beim Alten noch anzuklopfen. Ich muss ihn zumindest anrufen. Also rücke ich mir den Kotzeimer wieder zurecht, nehme das andere Mobiltelefon in die Hand und drücke auf Rückruf. In seinem Büro hockt er nicht. Er ist wohl in einer Besprechung oder spaziert durch das Gebäude. Der Anruf wird weitergeleitet. Seine neugierige Sekretärin fragt, wo ich bleibe. Er nimmt ihr den Hörer aus der Hand, und ich stelle mir besser nicht sein Gesicht vor, sondern begrüße den Kotzeimer, auf den ich mich nun voll und ganz konzentriere, während der Alte mit mir spricht. „Warum melden Sie sich nicht ab, wenn Sie den Dienst nicht antreten können?" Stille. – Der Kotzeimer glotzt mich an. „Wenn Sie krank sind, müssen wir das wissen. Wir können es nicht nachprüfen, aber wir nehmen mal an, dass es so sei." Das Kichern der Sekretärin lenkt mich von meinem Verbündeten ab, dem roten Eimer sollte ich wieder mehr Aufmerksamkeit schenken. Zu meinem eigenen Schutz richte ich ein paar Worte der

Entschuldigung in den roten Hohlraum und hoffe, dass nichts mehr zurückkommt. „Ich wünsche Ihnen gute Besserung; bis 13 Uhr erreichen Sie mich in meinem Büro. Sie können sich zurückmelden, sobald es Ihnen besser geht. Wir sehen uns dann hoffentlich spätestens morgen früh."

In vierzehn Tagen endet mein Dienstverhältnis beim Alten und ich bekomme eine neue Chance. Vor mir tut sich ein unangenehmer Zwischenraum auf, den ich zur Seite schieben möchte. Je mehr ich ihn aus meinen Gedanken zu verbannen versuche, desto zermürbender wirkt er. Es fehlt mir nicht an Mut, dem Alten nochmal zu begegnen. Wenn er Angst und Schrecken verbreitete, war ich selten davon betroffen. Ich wünsche mir einfach nur den kleinen Zwischenraum für mich allein, frei von neugierigen Fragen der Kollegenschaft.

Es erreicht mich eine E-Mail mit der freundlichen Aufforderung, den Anhang zu öffnen, um mich über meine neuen Aufgaben vorab informieren zu können. Beim Neuen habe ich wesentlich mehr zu tun als beim Alten, stelle ich nun erstmals fest. Langweilig wird es trotzdem. Interessante Arbeiten suche ich in der Liste vergeblich. Ich erhebe mich und stelle den roten Eimer auf den Schrank, damit ich ihn wieder griffbereit habe, wenn es beim Neuen losgeht.

Über's Ratschen

Karl-Heinz Austermayer

Manchmoi möchert i a Mäuserl sei',
weil da wär' i heimlich bei manchen G'sprächen dabei,
von dene sunst i nix dat hör'n –
und de i wissert doch sehr gern.

Ka'm is Oaner drauß'n bei da Tür,
– so hab' i des im G'spür –
werd über so manche Schandtat bericht'
und der Kerl nach alle Regeln der Kunst ausg'richt'.

Obwohl ma' über de Ratscherei oft gern was wissen dat,
is – wenn'st nix woaßt – a net z'spat,
weil, wenn ma von dem Schmarr'n nix woaß,
macht oan des wenigstens net hoaß.

Drum laßt's es doch ratschen
und lauthals umanandertratschen,
denn wenn Oaner vui über Andere spricht,
werd er vielleicht woanders – no vui mehrer ausg'richt!

Verständnis

Karl-Heinz Austermayer

De Gemeinschaft von Alt und Jung
bringt oft Ärger und vui Stunk,
weil net selten oaner über'n andern thront,
wenn alt und jung beinanderwohnt,
ma fragt se oft, warum mua des a so sei,
des ewige Schimpfer und de Keiferei?
Woher des iatz kimmt, i moan ganz g'wiß,
des liegt wohl nur am Gegenseitigen – Vo'ständnis,
denn, wenn oaner den andern besser acht',
kimmt's vui seltener vor, dass amoi kracht,
man lebt vui leichter mitanand –
und kon durch's Leb'n geh' – Hand in Hand!

Vampire

Gudrun Bielenski

Ich gehe früh zu Bett. Der Mond scheint in mein Zimmer. Vollmond und fast taghell. Nacht der Geister, Gespenster, Vampire, sagt man. Von der Ferne höre ich den Ruf eines Käuzchens. Huh, ich grusle mich gerne. Es weht eine leichte Brise. Das Fenster ist halb geöffnet, und der Vorhang bauscht sich im Wind. Sanft streicht er über meine Wangen. Ich kuschle mich unter meine warme Bettdecke. Kurz darauf versinke ich in meinen Träumen.

Und plötzlich weckt mich ein Gesang wie von Sirenen, auf- und abschwellend, klagend, schluchzend, lockend.

„SSSSirenen ssssingen, aaah, oooh, uuuh.“

Ich bin nicht imstande, meine Augen zu öffnen.

„SSSSirenen ssssingen, aaah, oooh, uuuh,“ schallt es an meine Ohren.

Ein kalter Schauer läuft mir über den Rücken.

Ich will schreien. Aber ich bin stumm. Wie ein FischFischFisch.

Ein Knall. Das Fenster schlägt zu. Endlich Ruhe!

Und dann Schlaf, tiefer, tiefer, traumloser Schlaf bis zum Morgengrauen.

Als ich am Abend zu Bett gehe, sind die Ereignisse der letzten Nacht fast wie weggeblasen! Hirngespinste und schlechte Träume.

Trotzdem bleibt mein Fenster zu. Und schnell eingeschlafen. Mit Schlafmaske und Ohrstöpsel, vorsichtshalber.

Plötzlich die Kirchenglocken, zwölf Schläge!

Ich wache auf. Warum werden die nachts nicht ausgeschaltet, ärgere ich mich.

Und da spüre ich so etwas wie ein Piksen am Hals. Diese verdammten Stechmücken! Ich will sie wegscheuchen. Und gleichzeitig – eine eiskalte Hand umklammert meinen Hals.

Ein Laut dringt aus meiner Kehle, ein verzweifeltes Krächzen, ich hebe meinen Kopf, so gut es geht. Da lösen sich die Finger im Nichts auf.

Alles nur Einbildung infolge Überarbeitung, beruhige ich mich.

Trotzdem erwarte ich sehnsüchtig den Morgen.

Zwei kleine blutverkrustete Stellen an meinem Hals – erinnern mich noch an die letzte Nacht. Diese gottverdammten Stechmücken!

Am darauffolgenden Abend treffe ich noch mehr Vorsichtsmaßnahmen.

Ich verriegle die Türen, schließe die Fenster, ziehe die Vorhänge zu und hänge über mein Bett ein Moskitonetz. Und trinke einen Schlaftee. Der hilft sofort.

Gong, Gong, Gong.

Wieder diese schlaftötenden Kirchenglocken. Zum Teufel! Das Fenster steht weit offen. Seltsam! Ich will es schließen, aber irgendetwas hält mich davon ab.

Meine Augen weiten sich, meine Pupillen, werden groß, größer. Ich sehe komplett scharf.

Riesige Fledermäuse fliegen durch die Luft, die plötzlich menschenartige Gestalt annehmen und – auf mich zuschweben!

„SSSirenen ssssingen aaah, oooh, uuuh," tönt es von allen Seiten.

Ich öffne meinen Mund, die Töne perlen heraus, wie von selbst. Meine glockenhelle Stimme mischt sich in den Gesang mit ein. „SSSSirenen ssssingen aaah, oooh, uuuh."

Um mich herum ein Wabern, ein Flüstern: „Komm, du schöne Braut!"

„Bin ich da gemeint?" Unsicher blicke ich mich um.

„Komm, komm, …."

Meine Arme heben sich, und wie von Geisterhänden werde ich hochgezogen.

Ein Gelächter! „Na endlich, jetzt gehörst …"

Da ein schriller Schrei: „Nein."

Ein Gekreische! „Zu uns oder…"

Abermals ein Schrei: „Nie, ihr vermaledeiten Vamp…"

Ein Aufheulen: „Aber wir haben sie uns gekrrrrr…!"

Ein Stöhnen: „Unsere schööne Braut!"

Plötzlich bekomme ich einen Stoß und knalle auf den Boden in meinem Zimmer. Mit voller Wucht auf meinen Rücken, mit dem ich sowieso schon Probleme habe.

Von da an werde ich nie mehr in der Nacht gestört.

Wer mich wohl gerettet hat? Ich habe es nie erfahren.

Aber zu bedauern sind sie schon, diese armen Seelen, die weder tot noch lebendig sind, sondern sich ewig in einem Zwischenzustand befinden werden.

Es sei denn? Ja, es sei denn, sie werden erlöst.

Im Zoo

Gudrun Bielenski

Es ist Ostersonntag. Die Familie Löblein macht heute einen Ausflug mit ihren Kindern Fritz und Lisa in den Nürnberger Zoo. Dort bekommen heute alle Kinder gefärbte Ostereier geschenkt.

Gleich am Eingang ist das Freilandgehege der Affen.

Lisa schaut ihnen begeistert zu, wie sie miteinander spielen und sich gegenseitig necken.

Ein Äffchen ist neugierig und kommt an das Gitter des Geheges.

Lisa holt ihre bunten Eier aus dem Rucksack und steckt ein rotes durch die Stäbe.

„Schbinnsd du," schimpft Papa, des is fei verboden."

Aber der Affe freut sich über die Abwechslung, grabscht sich das Ei, setzt sich hin, betrachtet es von allen Seiten, steckt es schließlich in den Mund und kaut darauf herum.

„Schau, dem schmegt des Ei," sagt sie zu ihrer Mama, die sogleich mit ihrem Handy ein Foto schießt.

Dann schiebt Lisa noch das gelbe Ei durch das Gitter. Der Affe hebt es auf, legt es auf seine Handfläche und balanciert es zu Lisa. Sie schaut ihn an und versucht, ihre kleine Hand durch das Gitter zu strecken, um es entgegenzunehmen, aber die Zwischenräume sind zu eng. Kurz darauf wirft der Affe das Ei hoch und fängt es im Mund auf. Lisa ist begeistert und fragt ihre Mama:

„So a süßes Äffla, kemmer den mitnehma?"

„Sunsd no wos, ich hob scho zwa Äffle daham," antwortet sie trocken.

Dann marschieren sie in das sehr moderne Schimpansenhaus, ein komfortabler Käfig, aber ohne Gitter, dafür mit einer Glaswand und viel Grün. Die Affen können hinausschauen, und die Besucher können hineinschauen.

Der Geruch ist ziemlich streng hier. Lisa hält sich ein Taschentuch vor die Nase.

„Ii, do schdingts, mir is schlechd," jammert sie.

Fritz sagt: „Worscheinlich hammer domols genauso gschtungn."

Lisa schaut ihn abfällig an: „Du vielleichd, abber ich ned."

Mama lenkt ein: „Dofir hommer etzatla a Bood, do kömma uns waschen."

Eine Schimpansenmama hält ihr Baby im Arm, welches an ihrer Brust nuckelt.

Lisa ist entzückt: „Ach is des goldich! Mama, hob ich a so an deiner Brust gnucklt?"

„Na freilich, mei Herzala", antwortet sie.

Zwei Artgenossen sitzen da und zupfen sich gegenseitig die Flöhe aus dem Fell.

Fritz will wissen, ob die verliebt sind.

Papa gibt ihm einen Tipp: „Frogs halt amol." Doch die zwei lassen sich nicht stören.

Auf einem großen Baum mit weit ausragenden Ästen, der mitten im Raum steht, sitzt ziemlich weit oben ein großer, wuchtiger Schimpanse, der sich auf die Brust klopft und wilde Schreie ausstößt.

„Der is des Alphadier", stellt Papa fachmännisch fest.

„Du maanst der Baboo?", sagt Fritz.

„No ja, halt der Anführer vo alle. So nennd mer den", erklärt Papa.

Der Affe genießt jetzt die volle Aufmerksamkeit der Besucher. Dabei bemerkt er nicht, dass sich auf allen Vieren ein Schimpanse mit ähnlich großen Ausmaßen an ihn heranschleicht.

Das Publikum schaut gebannt zu. Was passiert jetzt? Sie rufen ihm zu:

„Hallo, bass auf, da kommt dei Rivale."

Und in diesem Moment schlägt ihn der Rivale mit der Faust auf den Schädel. Das Alphatier stürzt, kann sich gerade noch an einem Ast festhalten und baumelt in der Luft. Der Rivale tritt kräftig auf seine Hände, das Alphatier schreit vor Schmerz auf und schwingt sich mit einem Satz wutentbrannt auf den Ast zurück, wo der Rivale schon siegessicher sitzt.

Unter den Zuschauern ist inzwischen ein Gedränge entstanden, jeder will in der ersten Reihe stehen.

Die Kinder pressen ihre Nase an die Scheibe. Fritz sagt: „Ich bin gschbannd, wer gwinnd."

Ein Mann sagt: „So und etz kum ich amol dro," und schiebt die anderen weg.

Mama schreit: „Allmächd, sowos hob ich noch ned gsehgn."

Der Rivale reagiert schnell. Mit einem Satz springt er auf den nächsten Ast und läuft dann in Windeseile bis an die Spitze des Baumes. Dort steht er als Sieger und reckt seine Arme in die Luft. Die Leute klatschen.

Aber der Sieg ist noch nicht ausgefochten. Schon hat ihn das Alphatier erreicht und gibt ihm einen kräftigen Kinnhaken. Beide verlieren das Gleichgewicht und stürzen in die Tiefe.

Die Zuschauer halten vor Schreck den Atem an.

Die zwei Schimpansen bleiben am Boden liegen, regungslos!

„Die sin dod", bemerkt ein Besucher trocken.

Lisa schluchzt auf.

„Heulsuse", sagt Fritz verächtlich.

Doch unvermittelt springen sie wieder auf. Der eine läuft weg, das Alphatier dagegen schnurstracks auf Fritz zu, der jetzt wie wild an die Scheibe klopft, und stellt sich direkt vor ihn hin. Beide starren sich an. Dann reißt der Affe die Augen auf, entblößt sein Gebiss, um seine spitzen, scharfen Zähne zu zeigen. Seine Arme reckt er drohend in die Höhe. Erschrocken weicht Fritz zurück, Lisa klammert sich an ihren Papa.

Plötzlich erscheint ein Wärter, der den Schimpansen wegscheucht und sagt:

„Hobt ihr Glüg, dass do no a Glos derzwischen ist, sonsd hädd der euch alle niedergmachd."

Cimex lectularius

Janina Fellgiebel

„Ich rede gerne. Ich spreche von meinem Frühstück, dem letzten Regenschauer, der Wolke, die ich minutenlang bei ihrem Lauf über den Winterhimmel verfolgt habe, von dem Grashalm, der unter dem Gewicht meiner Fußsohle zusammengeknickt ist, von der Einzigartigkeit der Atemzüge und dem Staub, der sich auf den Spiegeloberflächen sammelt."

„Gibt es etwas, worüber Sie sich nicht gerne unterhalten?"

„Meine Kindheit."

„Wollen wir zuerst über Ihre Ansicht von der Einzigartigkeit der Atemzüge sprechen? Oder darüber, was Sie heute Morgen gegessen haben?"

„Nein, schon gut, wofür bin ich denn sonst hier?"

„Sagen Sie es mir."

„Wissen Sie, ich sitze Ihnen jetzt schon seit zwanzig Minuten gegenüber und bin mir immer noch nicht sicher, ob Ihre Augen tatsächlich vertrauenswürdig strahlen oder ob das nur eine professionelle Maske ist, die Sie jedem gegenüber aufsetzen. Könnten Sie eventuell einmal laut lachen? Also so richtig ehrlich? Als hätte ich einen außergewöhnlich guten Witz gerissen?"

„Es geht jetzt und hier nicht um mich, Sebastian."

„Hmm…aber es könnte mir dabei helfen, mein Schweigen zu brechen und Ihnen von meiner Kindheit zu erzählen."

„…"

„Vielleicht üben Sie das für die nächste Stunde noch einmal. Das war ein grausiger Versuch eines gekünstelten Lächelns."

„Ich weiß. Aber jeder Versuch ist ein Schritt in die Richtung des Erfolgs."

„Haben Sie das im Grundkurs der Seelsorge gelernt?"

„Nein, das stand in meinem Glückskeks."

„Sie besitzen Humor, das freut mich. Essen Sie gerne asiatisch?"

„Möchten Sie nicht auch einen Versuch starten und mir etwas aus Ihrer Kindheit erzählen, Sebastian? Vielleicht ein Fragment? Das erste, das Ihnen in den Sinn kommt, sobald Sie daran zurückdenken?"

„Wussten Sie, dass Bettwanzenweibchen 100 bis 200 Eier legen können und etwa ein Jahr alt werden?"

„Nein, das wusste ich nicht. Erzählen Sie mir von den Bettwanzen. Hatten Sie damals einen Befall?"

„Ich identifiziere mich mit einer Bettwanze."

„Hat man Ihnen das Gefühl vermittelt, unerwünscht und lästig zu sein?"

„Oh, so habe ich das noch nie gesehen. Vielen Dank! Wirklich, also echt, danke. Das ist eine coole neue Perspektive, über die ich nachdenken werde."

„Gerne. Ich finde, es wäre eine gute Idee, wenn Sie sich daheim aufschreiben, was Sie mir in unserer nächsten Sitzung erzählen möchten, Sebastian."

„Klar, kann ich machen. Die Zeit ist um oder?"

„Auf Wiedersehen, Sebastian."

„Das klang ziemlich endgültig."

„Lediglich eine Floskel der Verabschiedung."

~

„Hatten Sie eine angenehme Woche, Sebastian?"

„Ja, schon."

„Heute etwas wortkarg?"

„Ich verstehe einfach nicht, wieso Wolken so flüchtig sind."

„Erklären Sie mir, was Sie meinen."

„Sie stehen mit all ihrer Pracht am Himmel, aber je länger ich sie beobachte, desto schneller zerstreuen sie sich in neue Formen und fliehen über den Himmel."

„Jede Schönheit ist zeitlich limitiert."

„Glückskekssspruch?"

„Denkbar."

„Jetzt sind Sie aber wortkarg."

~

„Sie haben mir letzte Woche gar nichts aus Ihrer Kindheit erzählt."

„War nicht in Stimmung.“

„Und heute?“

„Heute schon.“

„Ich bin ganz Ohr, wenn Sie bereit sind, Sebastian.“

„Danke, das weiß ich zu schätzen, Doc. Hier, für Sie.“

„Ein Zettel? *Zwischenräume.* Was hat es damit auf sich?“

„Realitätsfluchten.“

„Mehr werden Sie heute nicht sagen oder?“

„…“

~

„Bettwanzenlarven entwickeln sich über fünf Häutungen zu ihrer eigentlichen Form. Das dauert etwa vier bis sechs Wochen.“

„Sehr interessant.“

„Aber Larven können auch ohne Probleme drei Monate fasten.“

„Haben Sie schon einmal gefastet?“

„…“

„Eine Art Metapher? Also die Wanze?“

„Ein Sinnbild, ein Vergleich, ein Euphemismus, was weiß ich, welches Stilmittel hier greift. Ich kann mich jedenfalls gut mir ihr identifizieren. Hier…“

„Ein neuer Zettel, schön. *Blut/Schweiß/Rum.*“

„Viel Spaß beim Rätseln, ich muss heute leider früher gehen.“

„Bis zum nächsten Mal.“

~

„Haben Sie das Rätsel gelöst?“

„Ich habe einige Hypothesen aufgestellt, aber es würde mich freuen, wenn Sie mir Ihre Sicht auf die Dinge näherbringen.“

„Ich brauche einen Beweis, um zu wissen, dass Sie sich tatsächlich einer Lösung genähert haben.“

„Dieses Mal ein Zettel für Sie.“

„…“

„Und?“

„Nicht schlecht.“

„…“

„Mein Vater hat viel getrunken. Ein schleichender Prozess zur Abhängigkeit. Meine Mutter war blind für die Wahrheit, dabei musste sie jeden Tag ihre Hämatome abdecken. Wenn er abends heimkam, habe ich mich immer in meinem Kleiderschrank versteckt. Räume zwischen den Hemden und Zuflucht in meinen Gedanken gesucht, während Vater Mutter schlug.“

„Was hat es mit den Wanzen auf sich?“

„Sie brauchen Blut, um zu wachsen. Kinder brauchen die Liebe ihrer Eltern. Wenn Wanzen kein Blut bekommen, zwischen den Häutungen, dann fasten sie.“

„Der Entzug der Liebe ihres Vaters, ist ihr Fasten oder?“

„Korrekt."

„Danke."

„Müsste das nicht ich sagen?"

„Das ist unsere letzte Sitzung."

„Dann lassen Sie uns noch ein wenig schweigen."

„…"

„Tschüss."

„Auf Wiedersehen, Sebastian."

„Jetzt klang es definitiv endgültig."

„Jedes Ende ist ein Anfang."

„Ihre Weisheiten werde ich vermissen."

„…"

„Halt! War das ein echtes Lachen?"

Im Gang

Werner Geischberger

Vor mir gähnt ein Schlund. Genau genommen ist es nur der ewig lange, mir seit Urzeiten geläufige Hausgang, doch seine gegen Ende verschwimmende Tiefe erinnert mich nun mal an einen Schlund.

Meine Schritte werden langsamer. Wie auf einem Förderband fühle ich mich: Man strengt sich an, doch der Boden unter den Füßen entzieht sich. Hin und wieder versuche ich, mit einem Riesenschritt Boden gut zu machen, doch anstatt mich nach vorne zu arbeiten, bleibe ich stehen. Ich stemme die Hände in die Hüften und atme schwer. Neben mir ragen die holzgetäfelten Wände empor. Der Duft, der sie einst heimelig wirken ließ, ist dem muffigen Geruch des ganzen Hauses gewichen, den ich angewidert einatme.

Das Licht aus der Haustür hinter mir hatte mich lange vorwärtsgeschoben, aber nun hat es anscheinend aufgegeben und seine Lider geschlossen. Im diffusen Halbdunkel hatte sich bei mir unbemerkt das Gefühl eingeschlichen, dass überall am Boden Unebenheiten lauern, die mich zum Straucheln bringen könnten.

An ein Durchatmen ist schon lange nicht mehr zu denken. Und ziemlich still ist es hier. Von nirgendwoher dringen Stimmen an mein Ohr. Es fühlt sich seltsam an, wenn man sich selbst der einzige Begleiter ist. Wo sind sie denn alle geblieben? Ich schleppe mich weiter. Monoton knarzt das Parkett unter meinen Sohlen, und ich keuche mir selbst den Rhythmus.

Hier muss doch irgendwo die Tür zum Treppenhaus sein. Habe ich jetzt auch noch die Orientierung in einem bekannten Raum verloren? Mein Körper wankt wie eine geleeartige Masse auf einen Fluchtpunkt zu, und ich kann keinen Kragenknopf öffnen, um mehr Luft zu bekommen.

Einige Schritte weiter vorne scheint etwas anders zu sein, denke ich, und in der Tat mache ich im nicht fassbaren Grau verzerrte Konturen aus. Das hieße ja, dass von irgendwoher Licht eindringt! Licht oder etwas Ähnliches. Und damit auch Luft! Etwas regt sich in meinem Sarkophag. Ich gehe schneller… glaube ich.

Da links aus der Wand muss es kommen. Trübes Licht hangelt sich mühsam durch uralte Spinnweben. An der Wand gegenüber schillern sich gleichmäßig abwechselnde Rauten aus hellen und dunklen Lichttönungen. Ich lehne mich kurz an die Wand und bemerke, wie sich mein Brustkorb hebt und senkt. Gierig atme ich die bleierne Luft. Diese scheue Helligkeit beflügelt mich. Ich scheine tatsächlich schneller zu gehen, und einige unendlich lange Atemzüge später erreiche ich die Lichtquelle: die oben verglaste Tür zum Treppenhaus.

Diese Tür. Sie hatte ich doch insgeheim gesucht! Ich hatte keine Ahnung gehabt, wie sie aussehen soll, auch wenn sie mir immer wieder beschrieben worden war. Jetzt ist sie da. Ein alter Rahmen, Licht. Eine abgegriffene Klinke, Licht.

Auch wenn alles abweisend aussieht, trägt es doch Licht und allein schon der Anblick lässt mich ein wenig aufatmen.

Strahlen kämpfen sich durch die milchige Scheibe und verlieren dabei viel Energie, so dass die auf meine Augen treffenden Vorboten nur ein Abglanz der Quelle sein können, die hinter der Tür liegen mag. Ich sauge das Licht und die letzten Reste Sauerstoff auf. Ahnungen von viel mehr regen sich, Träume und Phantasien. Doch wenn ich auf das Holz sehe, den Rahmen, die Klinke, so zersplittern die kühnen Bilder wie eine unachtsam aus der Hand geglittene Glasperlenkette. Was erwartet mich hinter der Tür?

Mit einem Mal spüre ich, dass diese seitlich abzweigende Tür seit je her die Verbindung zum eigentlichen Ziel ist. Ich wende mich ihr zu. Vorsichtig greife ich nach der Klinke, die etwas im Schatten liegt. Von der Scheibe rieselt Licht auf meinen Arm. Ein kühler Hauch streicht über meine Stirn, dem ich mich instinktiv zuwende. Das Licht, das durch die Tür dringt, wirkt irgendwie… lebendig, ja lebendig.

Entkräftet nähere ich mich der Scheibe und berühre sie mit meiner Nasenspitze. Wie gegen den Widerstand eines eisernen Bands um meine Brust zieht meine Lunge die letzte Luft ein und legt einen matten Hauch auf das Glas. Sehnsucht und die Angst vor Enttäuschung nach dem langen Gang kämpfen miteinander. Ich nehme meinen Mut zusammen und fasse wieder nach der Klinke. Sie ist warm. Seltsam! Mein Verstand will wieder sein altes neunmalkluges Spiel beginnen, aber mir ist jetzt alles egal. Ich brauche Luft – und Licht. Reflexartig drücke ich die Klinke nach unten und reiße die Tür auf.

Licht! Es ist überall. Ich halte die Hand vor, wende mich ab, drehe mich weg, der Boden gibt ein wenig nach. Wie eine Flut aus strahlenden Partikeln schwemmt es über mich hinweg. Es ist angenehm frisch, und ich atme tief ein. Ich versuche, die Quelle zu orten und sehe nach oben. Mehr Luft. Direkt im Herzen dieser Quelle, dieses massiven Strahls, der über mich hinweggeht, verfangen sich meine Blicke. Noch mehr Licht! Noch mehr Luft! Ich bin erleichtert, dass die Tür hielt, was sie versprach.

Im Warteraum

Brigitte Geretschläger

Der Warteraum: Ein Raum zwischen Gesundheit und Kranksein, zwischen Geduld und Ungeduld, zwischen Angst und Beruhigung.

Nach der Anmeldung an der Rezeption werde ich in den Warteraum verwiesen. Beim Eintreten fallen mir sofort die Patienten auf, die, mit trostlosen Gesichtern und schlaffen Schultern aneinandergereiht, dort sitzen. Manche blättern in alten Zeitschriften, die sonst abgegriffen auf einem Tisch, der mitten im Raum steht, liegen. Andere tippen auf ihren Mobiltelefonen, obwohl ein Schild groß anzeigt, dass Handys hier verboten sind. Und einige wiederum glotzen ins Leere. Nur wenn die Türe aufgeht und ein neuer Patient den Raum betritt, erwachen sie aus der Starre und blicken auf. Ich schaue mich verstohlen um. Zwei Stühle sind noch frei. Auf einem steht eine Handtasche. Unverschämt, wieso besetzt die Frau gleich beide Sitzplätze? Eine andere betritt den Raum, zieht ihren Mantel aus und hängt ihn in die Garderobe. Alle sehen ihr dabei zu. Sie macht sich klein, zieht den Kopf in den Nacken. Sie dreht sich uns zu und murmelt ein undeutliches ´Guten Tag´. Verlegen senken die Anwesenden ihren Kopf, nur einige Mutige grüßen zurück. Sie schaut sich um und entdeckt die beiden leeren Stühle. Just steuert sie auf den einen mit der Tasche zu.

„Ist hier frei?", fragt sie. Ohne ein Wort zu sagen, entfernt die sitzende Frau mit missbilligendem Blick ihren Beutel. Von allen Seiten setzt ein Hüsteln ein.

Ich greife nach den Zeitschriften. Nur alte und durchwegs Gratisexemplare irgendwelcher Pharmafirmen. Kaum bewege ich mich, sehen die Leute zu mir her. Bewusst suche ich den Blickkontakt und versuche ein Lächeln. Aber die Leute tun unbeteiligt. Senken den Blick wieder in ihren Schoss oder schauen schnell in eine andere Richtung.

Die Ordinationstüre geht auf. Alle Aufmerksamkeit richtet sich auf den Herauskommenden. In welcher Stimmung verlässt er die Visite? Als könnte man von ihm auf sich selbst schließen. Trotzdem studiere ich seinen Gesichtsausdruck in Erwartung guter Laune, die sich auf mich übertragen soll. Er lächelt. Ich bin erleichtert.

„Frau Wallner, Sie können schon mal in Kabine drei. Machen Sie bitte Ihren Oberkörper frei. Ohrringe, Halskette, alles entfernen."

Zögernd schreite ich den Gang entlang, auf der Suche nach der Nummer drei. Die Türe steht offen. Ich versperre sie hinter mir und bin allein. Die Umkleide ist winzig klein und kahl eingerichtet. Eine schmale Holzbank, ein Haken und ein Spiegel. Nicht einmal eine Ablage. Ich ziehe meinen BH und die Bluse aus und entferne die Ohrringe. Wo soll ich sie hinlegen? Wenn ich sie auf die Bank lege, könnten sie unbemerkt hinunterrutschen. Ich stecke sie in das Seitenfach meiner Handtasche.

Mir ist kalt. Obwohl ich allein bin, empfinde ich Scham. Ich nehme die Bluse vom Haken und bedecke meine Brust. Beim Stehen in der kleinen Koje fühle ich mich ausgeliefert. Die schmalen Wände engen mich ein. Ich setze mich auf die Bank, obwohl sie zu schmal ist, um es sich bequem zu machen. „Sei nicht so kindisch", schimpfe ich mit mir selbst.

Mit der einen Hand greife ich unter meine Bluse und taste die Brust zum wiederholten Male ab.

„Frau Wallner, Sie können jetzt eintreten." Der Raum ist wärmer als der der Umkleide. Ich stehe halbnackt vor einem fremden Mann und lege verlegen den Arm über die Brust. Er gibt mir Anweisungen und zerrt so lange an meinem Busen, bis er zwischen zwei Platten eingequetscht ist. Es tut weh. Ich sage nichts, beiße die Zähne zusammen. Nach nur wenigen Minuten ist die Untersuchung vorbei.

„Bitte nehmen Sie noch im Wartezimmer Platz."

Ich ziehe mich wieder an, nestle in meiner Handtasche nach den Ohrringen und kontrolliere noch ein letztes Mal die Kabine, bevor ich sie verlasse.

Wieder schauen alle Leute auf, als ich den Warteraum betrete. Diesmal ist kein Stuhl frei. Ich gehe gleich zur Garderobe und ziehe den Mantel an. Ich spüre die Blicke in meinen Rücken, aber sie sind mir egal.

„Morgen ist der Befund fertig. Wohin können wir ihn schicken?"

„Auf meine Mailadresse."

Die Nacht dauert lange. Die Ungewissheit lässt mich nicht einschlafen. Immer wieder nehme ich mein Mobiltelefon zur Hand und durchsuche die E-Mails nach einer Nachricht vom Arzt. Natürlich weiß ich, dass nachts niemand mehr arbeitet, trotzdem lässt das Nachschauen die Zeit vergehen.

Völlig übermüdet erwache ich am nächsten Morgen. Während ich mir einen starken Kaffee koche, ertönt ein lautes `Ping´ aus dem Handy, das Zeichen für das Eintreffen einer Nachricht.

Ich öffne die E-Mail und arbeite mich Seite für Seite nach Anleitung durch, bis ich endlich zu meinem Befund gelange. „Bis auf kleine Verkalkungen der Milchgänge keine Auffälligkeiten." Plötzlich spüre ich das gleiche Lächeln wie das des Mannes, der aus der Visite kam.

Zwischen zwei Welten

Brigitte Geretschläger

Ich bin das Kind einer türkischen Gastarbeiterfamilie. Meine Eltern verließen ihre Heimat, als ich ein Kleinkind war. Sie sind einfache Leute aus einem kleinen Dorf im Hinterland, ohne schulische Bildung. Vater wählte Wien als neuen Lebensmittelpunkt. Nicht, weil er die Hauptstadt Österreichs kannte, vielmehr folgte er den Erzählungen bereits Ausgewanderter.

Wir wohnten zunächst bei einem Onkel. Als Mutter wieder schwanger wurde, bezogen wir eine eigene Wohnung. Sie war klein und wurde nach der Geburt jedes Geschwisters immer beengter. Unsere Freunde wohnten allesamt im selben Stadtteil. Wir sprachen untereinander ausschließlich in unserer Landessprache, sodass Mutter bis heute kein und Vater nur gebrochen Deutsch sprechen können.

Vater fand Arbeit in einer Gärtnerei, Mutter blieb zuhause. Sie hatten nie vor, in Wien zu bleiben, wollten hier lediglich Geld verdienen.

Meine Geschwister und ich wuchsen in zwei völlig unterschiedlichen Kulturen auf. Besonders den Schwestern fielen die Einschränkungen und Verbote beim Heranwachsen schwer. Sie wurden recht kreativ im Erfinden von Ausreden, um den väterlichen Strafen zu entgehen. Vater machte zwar Kompromisse, aber in seinen Grundwerten blieb er konservativ.

Ich bin der Erstgeborene und hatte dadurch zwar mehr Rechte, aber auch mehr Pflichten. Vater erwartete von mir, auf meine Geschwister aufzupassen und gegebenenfalls die Familienehre zu verteidigen. Außerdem unterstützte ich ihn bei Behördengängen als Dolmetscher. So wusste ich notgedrungen von Sorgen, die mich als Kind nicht belasten sollten. Doch daraus erwuchs mein Berufswunsch. Ich wollte Rechtsanwalt werden. Wohlweislich erzählte ich niemandem davon, lernte aber mit Eifer, sodass ich den Wechsel von der Hauptschule in die Oberstufe des Gymnasiums schaffte. Ich musste viel lernen, mehr als die einheimischen Kinder. Doch trotz aller Bemühungen und schulischen Erfolgs blieb mir der Zugang zu der österreichischen Gesellschaft verwehrt. Allein mein orientalisches Aussehen gab mich als „Tschusch" zu erkennen, und ich war dadurch kein angemessener Umgang für deren Kinder.

Nie werde ich den Tag vergessen, an dem ich mein Abschlusszeugnis überreicht bekam. Mutter trug ein traditionelles Kleid mit passender Kopfbedeckung, Vater einen braunen Anzug, der ihm um einige Nummern zu groß war. Er hatte ihn vom Onkel geliehen. Beide fühlten sich sichtlich unwohl zwischen den anderen österreichischen Eltern und stellten sich abseits in der Hoffnung, nicht aufzufallen. Als mein Name aufgerufen wurde, der Rektor mir die Hand schüttelte und das Zeugnis überreichte, liefen ihnen Tränen über das Gesicht.

Ich ignorierte die erstaunten Gesichter der Einheimischen, das heimliche Kopfschütteln. „Jetzt sind schon Tschuschen am Gymnasium. Wo soll das noch hinführen?" Ich war im Glück und meinem Ziel einen Schritt näher.

Die Familie hatte ein Fest organisiert. Freunde und Verwandte aus dem ganzen Stadtteil trafen zusammen. Es wurde gegessen, gelacht und getanzt. Als Höhepunkt der Feier hielt Vater eine Rede. Die Gesellschaft verstummte. Vater nahm meine Hand.

„Danke, mein Sohn. Du hast mich, deine Familie und alle Freunde stolz gemacht."

Gerührt übergab er mir ein Kuvert. „Für dich. Mach auf."

Neugierige Blicke waren auf uns gerichtet. Bewusst langsam öffnete ich das Geschenk. Ich wollte die Spannung erhöhen und zog den Inhalt vorsichtig heraus. Irritiert schaute ich zu meinem Vater. Sah seine freudige Erregung. „Na, was sagst du? Lies vor. Laut", drängte er.

„Boarding Pass, Name: Bilmen Aktürk, From Wien VIE, To Antalya AYT .

„Freust du dich? Du hast uns heute bewiesen, dass du reif genug bist, ein Geschäft zu führen. Es ist an der Zeit, wieder nachhause zu gehen, in unsere Heimat, in der wir willkommen sind."

Der traditionelle Jubelgesang der Frauen unterbrach die Rede. Mein Vater hob die Hände. Ruhe kehrte ein.

„Ich habe gespart, und unsere Brüder haben was dazu gegeben, sodass ich für uns, für dich ein Geschäft in Antalya kaufen werde."

Ich lächelte zwar, aber in mir zog sich alles zusammen, ich bekam schwer Luft. Der Druck war so groß, dass ich schreien wollte. Mein schönster Tag sollte der schwärzeste werden. Ich presste ein leises „Danke" zwischen den Zähnen hervor.

„Seht, wie gerührt er ist." Das laute Jubeln lenkte von meinem Erstarren ab.

Entsprechend den Erwartungen fand ich mich, einige Wochen später, in Antalya wieder und übernahm ein kleines Geschäft im Basar, dessen Vorbesitzer nach Deutschland ausgewandert war. Die Konkurrenz beäugte mich argwöhnisch. Sie war eifersüchtig, ja sogar feindselig. Meine eigenen Landsleute grenzten mich aus.

In Österreich ein „Tschusch", in der Türkei ein Fremder. Wo ist mein Platz?

Bittersüße Sehnsucht

Inga Lena Haringer

Des Nachts liege ich wach im Bett. Des Tags streife ich rastlos umher ohne rechtes Ziel. Ich komme nicht zur Ruh. Weder des Tags noch des Nachts. Meine Gedanken kreisen und lassen mich nicht los. Völlig beherrscht von dem einen Gedanken. Einzig und allein von dir. Deinen Augen, die mir bis in die Seele blickten, in denen ich mich verlieren konnte. Deine Lippen, an denen ich hing, und lauschte, die ich stundenlang küsste. Dein Haar, das deinen Rücken hinabfloss und mich streichelte. Dein perlendes Lachen, das noch lieblicher war als der schönste Vogelsang. Dein Anblick raubte mir den Atem. Du erfülltest meine Sinne, nahmst mich ganz und gar in Besitz. Oh weh mir, dass ich nicht widerstand. Nur ein Blick von dir, und ich war dein. Mein Herz zieht sich vor Sehnsucht zusammen bei dem Gedanken, was war und hätte sein können. So lieg ich hier voller Begehren und sehne mir den Moment herbei, wenn deine zärtliche Gestalt wieder in meinen Armen ruht. Mein Herz verzehrt sich nach dir. Mein Liebe ungebrochen. War es Schicksal, dass ich dich fand? War es Zufall, dass du mich verließest? Zurückließest in Trauer und Schmerz. Oh, weh mir, dass ich dich fand. Träne um Träne vergieße ich, schenkte ich dir doch mein Herz. Und so sehne ich den Tag herbei, wenn mein Kopf wieder in deinem Schoße weilt. Dein zärtlicher, warmer Blick auf mir ruht. Wenn wir im Sonnenschein liegen und die Ewigkeit beginnen. Wir treffen uns auf der anderen Seite. Alsbald will ich dir folgen, auf dass, wir wieder vereint sind. Du warst mein Alles, meine Welt, und du wirst es wieder sein. Du warst mein, und ich war dein. Wir waren eins. Und wir werden es wieder sein. Oh du bittersüße Sehnsucht. Quäle mich nicht. Erlöse mich. Mach meine unendliche Nacht zu einem ewigen Tag.

Zwischen den Zeiten

Annette Hendl

Die Bäume tragen teilweise ihr farbenfrohstes Kleid. Letzte Sonnenstrahlen schauen keck durch das Wolkenband, das behäbig bauschig mit einem grauen Schleier am Himmel dahin zieht. Der Wind spielt ausgelassen mit den bunten Blättern und lässt sie über den Gräbern am Friedhof auf- und niedertanzen, der Herbst ist da.

Auch in meiner Seele ist er eingezogen und hat sich dort verbarrikadiert. Oft sind es merkwürdige Zufälle von Ereignissen, die dafür sorgen, dass unser Herz sich zusammenschnürt und wir kaum noch klar denken können.

Ich stehe am frischen Grab meiner Mutter, die mit fast 87 Jahren ihre verdiente Ruhe gefunden hat.

Verdrängte und verschüttete Erinnerungen, die mit Schmerz besetzt sind, kommen angekrochen aus dunklen Ecken meiner Seele, vermischen sich mit aktuellen Geschehnissen. Sie lachen hämisch, während ich versuche, mich windend aus ihrem Griff zu befreien. Dabei rauben sie mir fast die Sinne, treiben mir die Tränen in die Augen.

Mein geliebter Mann Christian hatte vor einer Woche seinen vierten Todestag. Mit knapp 55 Jahren wurde er ohne Vorwarnung viel zu früh aus dem Leben gerissen. Ein Gemisch von Trostlosigkeit und Angst hat von mir Besitz ergriffen.

Neben mir stehen meine beiden erwachsenen Kinder und sehen mich irritiert an. Sie wissen, dass ich nicht so ein inniges Verhältnis zu meiner Mutter hatte. In meiner Kindheit war einiges zwischen uns schief gelaufen. Meine Kinder hingegen betrauerten eine liebevolle Oma und Uroma.

Doch was passiert jetzt gerade mit mir? Eigentlich war nur mein Körper dort auf dem Friedhof. In meinem Inneren war ich längst abgetrieben zwischen die Zeiten meiner Erinnerungen. Vor meinem geistigen Auge befinde ich mich auf einem schmalen steilen Pfad gesäumt von Rosen. Hundert Gründe nach vorn zu gehen, keinen einzigen zurück. Schwankend gehe ich die ersten Schritte. Greife Halt suchend in die Dornen, die sich tief in meine Haut graben.

Ich weinte hemmungslos, es brach einfach aus mir heraus. Als wäre jetzt in diesem Moment das Maß voll. Dabei konnte ich nicht einmal mehr sagen, warum. Hatte ich nicht mittlerweile meinen eigenen Weg ohne meinen Christian gefunden?

Auf der vierstündigen gemeinsamen Heimfahrt schaue ich aus dem Fenster, ohne wirklich etwas zu sehen. Meine Kinder graben gemeinsame Erinnerungen aus. Sie weinen und lachen, sie sind im Jetzt und Hier. Ich höre ihnen zu und ertappe mich dabei zu lächeln. Durch die Gedanken, die sie aussprechen, fühle ich mich getragen wie auf einer Sänfte, die rhythmisch auf- und niederschaukelt und ständig neue Erinnerungen in mir hochbringt. Sie sind Last, sind Segen zugleich. Es ist wie ein Balancieren auf einem schmalen Grat zwischen Freud und Leid. Ich wünsche mir, den Weg nach vorn zu wagen – in der Hoffnung, dass die guten Erinnerungen überwiegen.

Staub und Träume. Dust and dreams

Michael Inneberger

Der Blick seit Stunden an die Wand.
Suchst du mich, dann bin ich ein Kind mit kleinen Träumen.
Das Leben ist die Linie auf der Hand.
Seifenblasen steigen auf aus Wasser, gemischt mit Schäumen.

Wenn das Leben kleines Kino ist
und die Zeit die Welt auffrisst.
Take me to the place, where you think I could be home.
Listen!
Listen…

Wurden echte Wünsche wahr am Morgen?
Suchst du mich, dann bin ich ein Junge mit großen Träumen.
Heute bin ich König, erst morgen warten Sorgen.
Gibt es große Liebe, oder kann ich noch etwas versäumen?

Wenn der Mond ein Lächeln ist und du nur Junge bist.

Take me to the place, where you think I could be home.

Listen!

Listen…

Die einsame Stille seit Stunden auf dem Berg.

Suchst du mich, dann bin ich ein Mann mit alten Träumen.

Die Zeit konnte ich nicht festhalten, und oben bin ich Zwerg.

Gibt es den Tag der Wunder, oder kann ich noch etwas versäumen?

Wenn der Weg dein stiller Zeuge ist

und du nur ein einsamer Wanderer bist.

Today is the sound of emptiness, where

you think I could get right.

Listen!

Listen…

Die letzten Tage erwachen.

Suchst du mich, dann bin ich ein Greis mit letzten Träumen.

Nacht wird sich breitmachen.

Gibt es den letzten Tanz, oder kann ich noch etwas versäumen?

Es wird Dein Leben sein, mein Kind,
und die Zeit zerrinnt.
Only life is worth to live. Today I'm dust again.
Take me to the place where I could be home.
Listen!
Listen…

Das Leben ist ein Zwischenraum vom Zeitpunkt der Geburt bis zum Ende unseres Lebens.

zwischenräume

katalin jesch

auf dem weg von einem
zum anderen im fadenkreuz der
möglichkeiten zwischen losen
augenblicken setzt die ohnmacht
schimmernde zeichen

eine gratwanderung
mit einer dünnen schicht
hoffnung himmelwärts gerichtet
stechen wir täglich ins blau
gegen die übermacht der gefühle

beim aneinander tanzen
die feuchte der lippen
lichtverschmiert auf dem
doppelten boden der wünsche
von den umständen diszipliniert

von wort zu wort von ton
zu ton der strom der trägt
auf den sichtbaren seiten der sätze
an den zeilen entlang der raum
dreht sich und bricht ein

Zwischen Homeoffice und Homeschooling

Monika Klinkenberg-Weigel

Lauschen wir dem Gespräch zwischen dem Erziehungsberechtigten (E) und seinem Nachwuchs (N).

N: Nein!

E: Doch! Du musst endlich deine Kleidung selbst in Ordnung halten.

N: Keine Lust.

E: Na so was! Wasch gefälligst deine Sachen. Waschmaschine und Trockner kannst du ja bedienen. Lege deine Wäsche geordnet in den Schrank!

N: Mach du doch!

E: Du bist alt genug, das selbst zu tun.

N: Du kannst das aber so gut.

E: Hör bloß auf! Ich muss doch jetzt in der Pandemie sowieso bis zum Umfallen arbeiten. Und sogar meine Büroarbeit muss ich neuerdings von zu Hause aus erledigen.

N: So bleibst du geistig fit, schlank und beweglich. Ich bin schließlich auch den ganzen Tag mit meinem voll anstrengenden Homeschooling beschäftigt. Und ich ...

E: Du bist wirklich frech – und noch faul dazu!

N: Das kommt nur durch deine Erziehung.

E: Jetzt wirst du noch frecher!

N: Ich wehre mich nur gegen unangemessene Forderungen.

E: Hör auf mit diesen Sprüchen!

N: Das sind keine Sprüche. Ich verteidige nur meine mir zustehenden Rechte.

E: Du spinnst wohl!

N: Gar nicht! Bei meinen Freunden machen die Eltern auch immer alles.

E: Dumm genug!

N: Das ist nicht wahr. Das sind gute Eltern. Nimm dir ein Beispiel daran und mach das

E: Nein!

Die erste Welle

Meike K.-Fehrmann

Als die Weltgesundheitsorganisation am 11.03.2020 erklärte, dass sich eine weltweite Pandemie ausbreite und wenig später der erste Lockdown in Bayern verkündet wurde, waren die Auswirkungen der Globalisierung für Anna plötzlich so nah wie nie zuvor. Gleichzeitig glitt die Welt in den nächsten Monaten immer weiter in die Ferne und wurde zu einem abstrakten Konstrukt aus Inzidenz- und R-Werten am TV-Gerät. Annas Kinder freuten sich über die Nachricht, dass die Ferien verlängert wurden. Die Worte „Homeschooling" oder „Distanzlernen" befanden sich noch nicht im Wortschatz der 7-jährigen Mathilda und ihres 9-jährigen Bruders Max. Annas Chef empfahl ihr, einen Teil des Jahresurlaubs zu nehmen, um für die Kinder da sein zu können. In zwei Wochen hätte sich die Angelegenheit namens Covid-19 sicher erledigt, und Anna genoss die zusätzliche Zeit mit den Kindern. Auch wenn keine Verabredungen möglich waren und die Sportvereine und die Musikschule geschlossen waren, machten sie sich zu Hause mit Brettspielen und Filmnachmittagen eine gute Zeit. Doch die „vorläufige Ausgangsbeschränkung" wurde bis zum 06.05. verlängert, scheibchenweise, Zwischenraum an Zwischenraum. Anna musste im Homeoffice arbeiten, und ihr Chef rief täglich an, um sicherzustellen, dass sie auch tatsächlich die acht Stunden

Arbeitszeit einhielt. Im Homeoffice sei besonderes Vertrauen notwendig, machte ihr der Chef klar, dass Leistungen wirklich erbracht wurden. Er gestattete ihr großzügig, die Arbeitszeiten bis 22 Uhr auszudehnen, und auch am Wochenende, wenn sie die Kinder nicht beim Distanzlernen unterstützen musste, könne sie sicherlich die eine oder andere Fehlzeit einarbeiten, natürlich ohne Zuschlag. Max' Klassenlehrerin schickte jeden Montag Aufgaben per E-Mail. Anna sollte darauf achten, dass der Drittklässler besonders in Mathe und Deutsch keine Lernlücken erhielt, vor allem, weil er ja in der Rechtschreibung so schwach sei. Neben den Aufgabenblättern, die zu bearbeiten waren, empfahl die Lehrerin, gemeinsam ein Buch zu lesen und ein Projekt zu einem naturkundlichen Thema durchzuführen. Als Anna der Lehrerin sagte, dass sie Schwierigkeiten hatte, Max jeden Tag zu den Aufgaben zu motivieren, erhielt sie die Antwort: „Jetzt wissen Sie endlich, was ich jeden Tag leiste." Für Mathilda musste Anna jeden Freitag eine Mappe mit Aufgaben in der Schule abholen. Am 18.05. durfte sie endlich wieder zum Unterricht. Nach über zwei Monaten konnte Mathilda sich an die Namen mancher Kinder aus der ersten Klasse nicht mehr erinnern. Würde sie sich im Schulgebäude noch zurechtfinden? Anna konnte ihrer Tochter die Angst ansehen, als sie sie vor dem Tor verabschiedete, mit der selbstgenähten bunten Maske vor Mund und Nase. Nur ihre großen Augen, die sich mit Tränen füllten, schauten über den Rand. Anna hatte ein schlechtes Gewissen. Hatte sie Mathilda zuhause genug unterstützt, Lesen, Schreiben und Rechnen zu lernen? Dass Max bis zu den Sommerferien kaum mehr regulär zur Schule gehen würde, denn mal war die Lehrerin verschnupft, mal wurde die ganze Klasse unter Quarantäne gestellt, mal hatte Max Husten, konnte Anna sich Anfang Mai noch nicht vorstellen. Zu diesem Zeitpunkt wurde ihre beste Freundin Betty in eine psychiatrische Klinik eingeliefert, in der sie sechs Wochen blieb. Diagnose: Depressionen. Bettys Sohn Elias, ein Klassenkamerad von Max, zog bei Anna vorübergehend ein, da Bettys Ehemann als LKW-Fahrer „systemrelevant" sei. Dass er als Vater für das Familiensystem auch relevant war, spielte keine Rolle, schließlich sollten die Drogerieregale aus psychologischen Gründen zu jedem Zeitpunkt gut gefüllt sein. Niemand sollte den Eindruck erhalten, es gäbe einen Mangel an Weichspüler oder Schuhcreme. Das Leben in der Dreizimmerwohnung wurde sehr beengt. Anna konnte kaum mehr schlafen, und die Angst stieg von Tag zu Tag. Was, wenn auch sie irgendwann nicht mehr konnte? Sie war alleinerziehend, ihre Verwandtschaft wohnte weit weg und konnte sie im Alltag nicht unterstützen. Was sollte werden, wenn ihr befristeter Arbeitsvertrag im Herbst nicht verlängert würde, weil ihr Chef der Meinung war, sie bringe nicht genug Leistung? Sie fühlte sich zunehmend wie ein Roboter auf Autopilot, der irgendwie immer weiter funktionierte. Mit jeder Ministerpräsidentenkonferenz und jeder verkündeten Lockerung stieg Annas Hoffnung auf Normalität. Endlich kam der Sommer, und die Pandemie schien überwunden. In den Urlaub konnte Anna mit Mathilda und Max zwar nicht fahren, ihre Urlaubstage waren fast aufgebraucht, aber immerhin fiel der Schuldruck weg. Eine solche Pandemie wollte sie nicht noch einmal erleben. Das Gerede über eine mögliche zweite Welle im Herbst tat Anna als Panikmache ab. Die Zeit zwischen Mai und Juli 2020 würde als eine schwierige Episode in ihrem Gedächtnis bleiben, die sie mit den Kindern gut gemeistert hatte. Ein Zwischenraum, der sich sicher nicht wiederholen würde.

Zeit zum …

Meike K.-Fehrmann

„Lass uns ein Corona-Baby machen!", schlug Tom seiner Freundin Mara vor. „Wenn es ein Mädchen wird, nennen wir sie Cordula, Cora oder Corinna. Wenn´s ein Junge wird, Corbinian, Cornelius oder Corben."

Mara blickte von ihrem Kindle hoch, auf dem sie gerade einen Thriller gelesen hatte, und sagte: „Und wovon träumst du nachts?"

„Keine Ahnung. Wahrscheinlich auch vom Babys machen?", gab er lachend zu. „Ist das nicht erstaunlich? Zum ersten Mal in meinem Leben sind meine Tagträume 100% identisch mit meinen Nachtträumen."

„Du spinnst", sagte Mara und wandte sich wieder ihrem Kindle zu.

„Überleg doch mal", sagte Tom, „ich bin in Kurzarbeit, dein Friseursalon ist auch geschlossen, wie kann man da die Zeit besser nutzen?" Er rückte näher an sie heran und legte seine Hand auf ihr Knie.

„Die Pandemie wird ja nicht ewig dauern", sagte Mara und schob seine Hand beiseite. „Wolltest du nicht mal den Garten aufräumen, das Garagendach reparieren, irgendwelches Gemüse anpflanzen? Das Auto könnte auch mal wieder gewaschen werden."

„Du lenkst vom Thema ab", stellte Tom fest. „So eine Pandemie kann sich über Monate oder sogar Jahre hinziehen. Die Spanische Grippe dauerte gut drei Jahre, die Pest sogar über sieben Jahre."

„Da kriegen wir ja eine halbe Fußballmannschaft zusammen, wenn wir uns anstrengen", sagte Mara kopfschüttelnd und las unbeirrt ihren Thriller weiter.

„Ich mein's ernst", er nahm ihr den Kindle aus der Hand. „Wir haben doch schon oft darüber gesprochen, dass wir eine Familie gründen wollen. Nie hat es gepasst, weil sich unser Leben immer nur um die Arbeit gedreht hat oder irgendwas anderes war."

„Das stimmt", sagte Mara, „oder weil ich gerne heiraten wollte, bevor ich Mutter werde."

„Na ja, das mit dem Heiraten geht ja im Moment nicht", sagte Tom.

„Ich sehe schon, dein Leben ist derzeit voller Pluspunkte. Wahrscheinlich heißt die Hälfte der Klasse, in die unser Kind bei der Einschulung kommen würde, Cordula, Corbinian oder Cora."

„Generation Corona eben", stellte Tom fest. „Wir sollten die Zeit jetzt als Geschenk sehen. Du und ich gemeinsam zuhause, wochenlang zwischen Bett, Küche und Sofa, das gab's noch nie."

„Ein Glück! Wie hätte ich das überlebt? Wahrscheinlich steigt die Trennungsrate in den nächsten Wochen auch dramatisch."

„Du bist gemein", sagte Tom. „Kannst du der Situation denn gar nichts Positives abgewinnen?"

„Doch, ich habe endlich Zeit, ein paar Bücher zu lesen", sagte Mara.

„Es stört mich nicht, wenn du währenddessen liest", sagte Tom. „Obwohl es natürlich nicht gerade romantisch ist."

„Du meinst so, wie wenn nebenher Sportschau läuft?", fragte Mara grinsend.

Tom nickte. „Obwohl Sportschau ja eine Sonderstellung einnimmt."

„Ich nehme auch gleich eine Sonderstellung ein", sagte Mara und kletterte auf Toms Schoß. „Du musst mir allerdings ein paar Kleinigkeiten versprechen, bevor wir anfangen, Babys zu machen."

„Alles, was du willst", sagte Tom.

„Erstens: Du heiratest mich, sobald Hochzeiten wieder erlaubt sind. Zweitens: Wenn das Baby da ist, bleibst du zu Hause und kümmerst dich um die Kinderbetreuung und den Haushalt, während ich weiter arbeiten gehe. Drittens: Meine Mutter zieht bei uns ein, um dich zu unterstützen."

„Weißt du, Liebling, ich glaube, ich habe Fieber. Fühl mal, meine Stirn ist ganz heiß. Und in meinem Hals ist plötzlich so ein Kratzen. Was sind nochmal die Symptome von Corona?", fragte Tom.

„Am besten legst du dich etwas hin", sagte Mara.

Nachdem Tom ins Schlafzimmer gegangen war, lud sich Mara einen neuen Krimi auf ihren Kindle runter. Endlich Zeit zum Lesen! Hoffentlich würde die Pandemie lange anhalten!

Helmfried

Hans-Peter Kreuzer

Helmfried Fuchs hatte es geschafft. Auf dem Höhepunkt seiner Karriere war er in den Vorstand des Zeitschriften-Imperiums berufen worden, für das er seit Jahren in den konzerneigenen Druck- und Verlagshäusern sein Bestes gab. Neben einem fürstlichen Gehalt bezog er reichlich Tantiemen, fuhr einen dunkelblauen Mercedes-Benz der S-Klasse, ließ sich im Garten seiner Münchner Villa einen Swimmingpool bauen, ja sogar ein Ferienhaus am Kitzbüheler Horn gehörte ihm.

Wenn Helmfried nicht dienstlich unterwegs war, ging er am liebsten einkaufen. Elsa, seine Frau, protestierte ebenso laut wie vergeblich, wenn Helmfried riesige Tüten anschleppte, in denen sich Lebensmittel häuften, die der Familie und dem Hund das Überleben auch während einer wochenlangen Belagerung gesichert hätten. Hier musste man Helmfried freilich zugutehalten, dass er als Kriegsgefangener 1945 fast an Hungerödemen gestorben wäre. Das prägte.

Abgesehen von Nahrungsmitteln erwarb Helmfried auch preisgünstige ältere Immobilien, valide Wertpapiere und Edelmetalle, wobei er darauf achtete, immer solvent zu bleiben. Gern zitierte er die Rothschild`sche Zauberformel: „Ein Drittel Land, ein Drittel Handelswaren und ein Drittel bar zur Hand."

Als Helmfried sich aus der Unternehmensspitze zurückzog, fand er endlich genug Zeit für die Beschäftigung mit seinen Lieblingsthemen. Das waren Science-Fiction-Szenarien wie Zeitreisen in ferne Galaxien, Begegnungen mit Außerirdischen, Kolonien auf fremden Planeten und fast im Widerspruch dazu Geschehnisse, die tief im Dunkel der Geschichte lagen wie etwa das von spanischen Konquistadoren begangene Unrecht an Inkas und Azteken. Begeistert oder entrüstet, stets aber emotional, las Helmfried sich in diese Welten hinein, als wären es die seinen. Farbenprächtig bannte er die durch die Lektüre in seinem Kopf entstehenden Bilder auf Leinwände und erweckte damit sein lang verschüttetes Talent zum Malen wieder zum Leben.

Auch mit der jüngeren Geschichte war Helmfried vertraut. So etwa hatte er aus ihr gelernt, dass sich mühsam erworbenes Vermögen von heute auf morgen in Nichts auflösen kann. Seine Eltern hatten das nach jedem der beiden Kriege schmerzhaft erlebt. Helmfried wollte es nicht erleben müssen. Er befürchtete, dass die Welt vor einem Kollaps steht, dass das weltweite Finanzsystem sich nur noch in Form eines riesigen Schneeballsystems über Wasser hält und dass die Verluste der Finanzwirtschaft am Ende einmal mehr durch die Enteignung von Privatvermögen ausgeglichen werden. Helmfried setzte deshalb auf Gold. Damit, so hoffte er, würde er sein Vermögen zumindest zu einem Teil aus der Reichweite des maroden Geld- und Finanzsystems bringen können. Er kaufte nach und nach Goldmünzen und fühlte sich erst in relativer Sicherheit, als er einen ganzen Stapel an Alben damit gefüllt hatte. Aber wohin damit? Sollte er das Gold bei Nacht und Nebel im Garten vergraben, dort wo sie jüngst ihrem verstorbenen Hund ein Grab geschaufelt hatten? Oder war im Haus eine Stelle zu finden, die ein Dieb vergeblich suchen würde?

Elsa meinte, er solle das Gold in ein Bankschließfach geben, was Helmfried für eine ganz schlechte Idee hielt, weil er davon ausging, dass die Banken im Krisenfall sofort schließen. Auch Elsas weitere Idee, er könne sich ja hinter dem in der Diele hängenden und von ihm geschaffenen Gemälde „Andromedagalaxie" einen Tresor einbauen lassen, verwarf Helmfried. Nein, es musste eine ganz andere, besser getarnte Stelle sein.

Fürs Erste versteckte er die Alben im doppelten Boden seines Arbeitszimmerschranks. Sicher erschien ihm das nicht. Monate später träumte ihm, Einbrecher hätten das Haus verwüstet, das Gold entdeckt und mitgenommen. Schweißgebadet wachte er auf. Noch am selben Tag kam ihm die Idee, den Schatz einzumauern. Er ließ den freien Raum unter der Kellertreppe zumauern bis auf wenige Ziegel in Bodennähe. Eine Woche später war es soweit. Wie bei der Beisetzung eines Pharaos standen Helmfried, Elsa, die beiden Söhne und die Tochter im Keller vor der Öffnung der geheimen Kammer, in der fortan der Schatz ruhen sollte.

Helmfried hatte die Goldmünzen zuvor noch in ein 10 Liter-Vorratsglas umgebettet, das eigentlich der Aufbewahrung von Essiggurken dienen sollte. Feierlich schob er das schwere Glas durch die Lücke, die er auch gleich verschloss.

Es war das perfekte Versteck. Doch Helmfried ging vorsorglich weiter. Für den Fall, dass sich jemand an seinem Schatz vergreifen sollte, wollte er den Täter überführen. Er legte deshalb mit Buttersäure getränkte Tücher ins Glas und gab eine Fangmittelpaste dazu. Damit, so wusste er, würden sich die Hände des Langfingers nach dem Zugriff verfärben, und am Geruch würde man den Täter zusätzlich erkennen.

Fortan schlief Helmfried tief und fest.

Als er einige Jahre später erfuhr, dass er schon bald sterben müsse, erstaunte er Elsa und die Kinder mit einer bemerkenswerten Gelassenheit. Immer wieder hörte er sich das von dem bayerischen Kabarettisten, Liedermacher und Arzt Georg Ringsgwandl eindrucksvoll vorgetragene Lied „Nix mitnehma" an, bis er es schließlich verinnerlicht hatte.

Nein, er konnte nichts mitnehmen!

Helmfrieds Erben

Hans-Peter Kreuzer

Nach Helmfrieds Tod waren Elsa noch zwei Jahre vergönnt, in denen sie sich frei von ehelichen Fesseln entfalten konnte. Helmfried wäre überrascht gewesen, wie gut sie trotz ihres Krebsleidens ohne ihn, nur unterstützt von Harry, Tom und Alma, zurechtkam. Elsa blühte auf.

Sie besuchte die Sommerakademie für Malerei und Bildhauerei in Salzburg, schuf Skulpturen und malte Bilder von Blumen, die ihren Garten zierten. Leben wollte sie, nur leben. In Gedichten beschrieb sie ihre schönsten Gedanken. Am Allerseelentag 1998, als im Garten die letzte Rose gerade verblüht war, schloss Elsa für immer die Augen. Harry, Tom und Alma fühlten einen Riss, der durch ihre Herzen ging. Ab jetzt gab es nur noch Erinnerungen; Erinnerungen an Liebe und Güte, die sie weit über ihre Kindheit hinaus erfahren durften, aber auch an Demütigungen und Schläge, die sie in jungen Jahren hatten einstecken müssen, wenn sie nicht nach der Pfeife des Vaters tanzten.

Darüber sprachen Harry, Tom und Alma, als sie sich einen Monat nach Elsas Beisetzung in der Villa trafen. Über die Teilung des Nachlasses gab es nicht mehr viel zu reden. Das gemeinsame Testament der Eltern barg keine Überraschungen mehr, da es ja schon bei Helmfrieds Tod eröffnet worden war. Bereits Mitte der

80er Jahre hatten die Eltern den gesamten Immobilienbesitz zur Vermeidung hoher Erbschaftssteuern Harry, Tom und Alma übertragen und sich nur die Nutzungsrechte bis zum Tod des Letztversterbenden vorbehalten. Alles andere hatte Elsa zuletzt allein geerbt. Nach Elsas Tod hatten Harry, Tom und Alma begonnen, den Nachlass unter sich aufteilen. Über alles waren sie sich einig geworden.

So saßen sie also an diesem Winterabend ganz entspannt beieinander. Irgendwie kamen sie dabei auch auf das Thema „Reinkarnation".

„Wo werden die Eltern jetzt wohl sein?", sinnierte Harry. Alma sah ihn betrübt an: „Bestimmt sind sie, beladen mit ihrem Karma, auf dem Weg zu einer guten Wiedergeburt", sagte sie. „Ich denke, sie sind schon wiedergeboren", ergänzte Tom.

Seine Augen funkelten. Das Thema faszinierte ihn. Es gab aus seiner Sicht nichts Gerechteres. „Was wir gedacht haben, sind wir geworden, und was wir denken, sind wir in diesem Leben und darüber hinaus, so einfach ist das", erklärte er und meinte: „Das Licht der Erlösung werden unsere Eltern im Bardo vermutlich nicht gesehen haben."

„Bardo, was ist das denn?", fragte Harry. Toms Miene hellte sich auf.

„Als Bardo werden die Zwischenzustände bezeichnet, in denen fühlende Wesen im Leben und sogar noch im Sterben die Chance haben, die Ursachen allen Leids zu erkennen", erklärte er. „Die Samen für zukünftiges Glück oder Leid sät jedes Wesen selbst, jede seiner Handlungen hat irgendwann eine entsprechende Wirkung. Wir werden immer wieder geboren, solange wir das nicht erkannt haben. Aber sehen wir uns an; anstatt diese Kausalität zu erkennen und entsprechend zu handeln, taumeln wir blind von einem Zwischenzustand in den nächsten. Das ist doch fatal - oder?"

Harry schaute auf die Uhr. „Das passt jetzt zwar gar nicht zu diesem ernsten Thema, aber denkt bitte an das im Keller versteckte Gold.

Wir sollten es bergen und teilen, bevor hier renoviert wird; treffen wir uns doch gleich morgen wieder?" Alma und Tom stimmten zu. Tags darauf standen die drei Geschwister vor der zugemauerten Kellernische. „Hoffen wir, dass uns kein Grabräuber zuvorgekommen ist", scherzte Harry. Die anderen lachten. Tom drückte den ratternden Bohrhammer gegen die Wand der Kellernische. Minuten später war die Öffnung der Mauer weit genug. Nacheinander blickten die drei im Schein der Taschenlampe ins Innere. Mittendrin stand das gut zur Hälfte mit Goldmünzen gefüllte Glas; sonst nichts. Vorsichtig zog es Harry an den Rand der Öffnung. Gemeinsam mit Tom hob er es heraus. „Alma, damit könnten wir dich in Gold aufwiegen", riefen sie ihrer Schwester zu.

„Ich teile gern mit euch", gab sie lachend zurück. Sie war schon auf dem Weg nach oben. Harry und Tom folgten ihr mit dem Glas.

Im Esszimmer stellten sie es in die Mitte des Tisches. Nach dem Öffnen des Glasdeckels kam ihnen der widerliche Geruch von Buttersäure entgegen, aber davor hatte sie Helmfried ja gewarnt. „Da müssen wir jetzt durch. Ihr wisst doch: pecunia non olet", sagte Tom.

„O.K., los geht`s!" Harry streifte sich wegen der Fangmittelpaste die Gummi-handschuhe über und begann Münzen gleicher Art mal zu Alma, mal zu Tom und mal zu seinem Platz zu schieben. Dann passierte etwas Unerklärliches. Aus der Esszimmertischleuchte über ihnen löste sich eine Glühbirne aus ihrer Fassung und flog in hohem Bogen auf Harrys Teller, ohne zu zerbrechen. Den drei Geschwistern fuhr ein gehöriger Schreck in die Glieder. War es Elsa, die ihnen noch im Zwischenzustand aus dem Jenseits die Botschaft senden wollte, dass mit dem Sterben nicht alles zu Ende ist? Oder war es am Ende Helmfried, der bei seinem Aufbruch ins Jenseits nichts mitnehmen konnte und nun zusehen musste, wie sich seine Kinder über den Goldschatz hermachten?

Es wird wohl für immer ein Geheimnis bleiben.

Das Rad

Gustl Lex

Es gibt die verschiedensten Möglichkeiten, den Raum zwischen zwei Orten zu überwinden. Am einfachsten ist es zu Fuß, Jahrtausende lang für die Masse der Bevölkerung das einzige Mittel. Noch im topographischen Repertorium von Bayern aus dem Jahr 1832 werden die Entfernungen in Fußstunden angegeben. So wird zum Beispiel der Zwischenraum München – Traunstein über Rosenheim mit 28 Stunden bemessen. Dies änderte sich mit der Erfindung der Eisenbahn und später des Fahrrads. Obwohl ein Fahrrad noch vor hundert Jahren das Jahresgehalt eines Dienstboten kostete, wurde es ein individuelles Massenverkehrsmittel, das räumlich München-Traunstein schon auf 8 Stunden reduzierte. Heute mit dem Auto sind die beiden Orte noch 1 ½ Stunden entfernt, außer die Reisenden sind mittellos und haben kein Geld, dann sind es auch heute noch 28 Stunden.

Wie verhält es sich mit unseren Inseln im Chiemsee? Könnte man fliegen, wäre luftzwischenräumlich die Entfernung Grabenstätt – Fraueninsel 8,5 Kilometer. Fahren wir aber mit PKW und von Prien aus dem Schiff, müssen wir 29 Kilometer bis Frauenwörth zurücklegen.

Gut neunzig Jahre ist es her, als die Natur dafür sorgte, diesen Zwischenraum auf Luftlinienniveau zu verkürzen. Ende Januar 1929 war es, da setzte plötzlich eine extreme Kältewelle ein. Vom 28. auf den 29. Januar fiel innerhalb von 24 Stunden das Thermometer schlagartig von minus vier auf minus 23 Grad ab. Tiefpunkt bei uns im Chiemgau war schließlich der Morgen des 12. Februar mit klirrenden 31 Grad unter null. Bei diesen Temperaturen froren nicht nur der Chiemsee, sondern auch die Flüsse zu. Der Inn hatte von Nussdorf bis Mühldorf auf 70 Kilometer Länge eine geschlossene Eisdecke.

Ab dem 16. Februar fuhr man mit Autos auf dem Chiemsee zu den Inseln. Mein Vater, ein gebürtiger Grabenstätter, war damals 19 Jahre alt und Schlosser in der Maxhütte in Bergen. Am Sonntag, dem 17. Februar, beschloss er, mit seinen Spezln die Fraueninsel zu besuchen. Da sie kein Auto hatten, fuhren sie zu sechst nach der Frühmesse mit dem Radl von Grabenstätt aus zur Insel. Natürlich hat man auch beim Lindenwirt eingekehrt, und es wurde recht lustig.

Wenn es nach seiner Mutter gegangen wäre, hätte er nicht die Insel, sondern seinen schwerkranken Vater im Krankenhaus Traunstein besuchen sollen, aber so wurde es nur eine Postkarte mit den besten Wünschen, auf der alle unterschrieben.

Da mein Vater noch bei Tageslicht nach Bergen wollte, drängte er am Nachmittag zum Aufbruch. Aber seine Begleiter waren nicht zu bewegen, so machte er sich allein auf den Heimweg. Zweidrittel der Strecke hatte er zurückgelegt, als er am Ende vom Weitsee auf eine Gasblase fuhr und das Eis unter ihm einbrach. Geistesgegenwärtig stemmte er sich vom Rad ab, das im See verschwand. Auch er versank bis zur Brust im Wasser, konnte sich aber wie durch ein Wunder auf das feste Eis retten. Nach dem ersten Schreck dachte er sofort an sein Rad, das für ihn ein kleines Vermögen darstellte: Es zu retten, stand für ihn fest.

So robbte er auf allen vieren zu der Wasserstelle, riss aus seinem Notizbuch ein paar Seiten heraus und legte die Blätter an dem Rand aus.

Mit steifgefrorener Kleidung und leichten Erfrierungen kam er zu Hause an, wo ihn die Mutter mit Tee und warmen Ziegelsteinen im Bett versorgte.

Früh musste er am nächsten Tag aus dem Haus und zu Fuß nach Bergen gehen.

Die ganze Woche überlegte er und besprach mit seinen Arbeitskollegen, wie man es anstellen könnte, das Fahrrad zu bergen. Das Resultat war ein 50 Zentimeter langer, dreiarmiger Fanghaken in Form eines Ankers, der nach Feierabend in der Maxhütte gefertigt wurde. Am Samstagmittag nach der Arbeit marschierte er mit seinen Freunden wieder auf den Chiemsee. Ausgerüstet mit Fanghaken, Wäscheleinen, Eissäge und Beil, suchten sie die markierte Stelle, die sie auch tatsächlich fanden. Diesmal war sie gut zugefroren, so dass ein Loch gesägt werden musste. Erst als das Seil dreimal verlängert wurde, erreichte man mit 58 Meter den Seegrund. Man hält es zwar fast nicht für möglich, aber nach knapp einer Stunde war das Radl geborgen.

Daheim wurde der Drahtesel zerlegt, alle Lager gereinigt und gefettet, und mein Vater überwand mit dem Rad noch über vierzig Jahre lang so manchen Raum zwischen zwei Orten, aber nie mehr einen auf oder gar unter dem Chiemsee.

PS: Die Geschichte, die mir von seinem Freund bestätigt wurde, erzählte mir mein Vater über 50 Jahre später, als ich den Fanghaken in unserer Hütte entdeckte. Mittlerweile habe ich auch die Postkarte und sogar das Notizbuch mit den fehlenden Seiten gefunden.

An meine Tochter

Marion Liedtke

Rosalie tauften wir dich, weil wir uns nicht einigen konnten. Dein Vater wollte dich Rosemarie nennen wie seine Mutter, und ich wollte Amelie, wir haben es dann zu Rosalie zusammengesetzt, weil keiner zugunsten des anderen nachgeben wollte. Wir waren zwei Sturköpfe, aber immerhin manchmal kompromissbereite. Schon, als du in meinem Bauch heranwuchst, hatte ich gedacht, hoffentlich hast du nicht diese Sturheit von uns beiden geerbt.

Wenn ich mich daran erinnere, wie dein Papa, mein Geliebter, mein Fels in der Brandung, mein Künstler, mein Gärtner, mein Therapeut, mein Koch, mein Mann, seinen Kopf auf meinen Bauch gelegt und versucht hat, Laute von dir zu erhaschen und freudig erregt war, wenn es in meinem Bauch gluckerte. Wahrscheinlich bedingt durch meine quellenden Ballaststoffe, von denen ich in der Schwangerschaft bewusst viel zu mir nahm, war er der Meinung, du blubberst die ersten intelligenten Worte ins Fruchtwasser.
Wie waren wir glücklich und in heller Erwartung, ein Paar, das ein gemeinsames Ziel und den Traum von einer Familie vor sich hatte.

Eine Tochter würde es werden, verriet der Arzt. Wie sehr hatte ich mir das gewünscht. Stellte mir deine blonden Locken vor, die deines Vaters waren inzwischen grau, aber kräuselten sich immer noch um sein schmales Gesicht. Stellte mir vor, dass ich sie jeden Tag mit der Bürste pflegen und wie gern ich es tun würde.

Und ich tat es mit Hingabe.

Bis du endlich da warst, war alles perfekt, dein Papa fotografierte uns beide in jeder Lebenslage. Wie schön, dass ich in diesen Fotobüchern immer wieder blättern kann.

Sie trösten mehr als Worte.

Nie hätte ich damals geahnt, dass ich dich so lange überleben würde, meine Kleine.

Vierunddreißig Jahre bist du geworden. Mit achtundzwanzig hatte ich dich bekommen. Schon früh hatte ich davon geträumt, wie gern ich dich und deinen Nachwuchs besuchen und betreuen würde. Daraus ist nun nichts geworden. Fast jeden Tag gehe ich seitdem ans Fenster, um dich kommen zu sehen, und jedes Mal warte ich vergeblich.

Abenteuerlustig warst du schon immer, aber wie du auf die Idee gekommen bist, mit diesem Mann mitzufahren, habe ich nie ganz verstanden, zumal du Sven hattest, diesen Bodenständigen, der dich verwöhnt hatte und dich so anhimmelte.

Nun kann ich dich nicht mehr fragen. Ich hatte dich gewarnt, doch du warst stur geblieben. Daraus konnte ich dir keinen Vorwurf machen, das hattest du von uns. Sven hatte wohl seinen Reiz verloren, mit dem der Andere dich in Verzücken setzte, deswegen hast du anscheinend das Angebot angenommen, mit ihm auf diese Dienstreise zu gehen.

Ich erinnere mich noch gut an den Abend, es war der 25. Oktober. Ich weiß es auch deshalb, weil es der Geburtstag meiner langjährigen Freundin Susanne ist, der ich wie jedes Jahr gratulierte. Als es an der Tür klingelte, muss es gegen 21:00 Uhr gewesen sein. Ich hatte niemanden erwartet.

„Bitte machen Sie die Tür auf, Polizei!" Langsam öffnete ich die Tür. Der Schreck des Anblicks versteinerte mich und ließ mich kurz erzittern.

„Was ist passiert?", presste ich heraus.

„Es tut uns leid, ich muss Ihnen leider mitteilen, dass wir Ihre Tochter Rosalie gefunden haben, tot gefunden haben, leblos. Es war nichts mehr zu machen."

Nichts mehr zu machen, hallte es nach. Aus und zu Ende. Es war endgültig, sie hätten alles versucht. Ein gültiges Ende. Wie gerne möchte ich es seitdem ungültig machen.

Lieber Gott, kannst du nicht den Tag aus dem Kalender streichen und am 26. Oktober weitermachen, als hätte es den 25. Oktober nicht gegeben? Ich habe nie gebetet, aber da habe ich damit angefangen. Um die Nerven zu beruhigen, nicht verrückt zu werden.

Jeden Morgen gehe ich seitdem meistens erst zum Fenster, dann zu deinem Porträt im Bücherregal, streiche über dein Gesicht und stelle dich geküsst wieder zurück. Dann erst mache ich mir den ersten Kaffee.

Das Leben kann endlich werden, ein Fehler, und alles ist anders.

Du warst mit ihm mitgefahren, und er hatte zu viel getrunken. Warum hattest du ihn nicht davon abgehalten? Warum bist du nicht selbst gefahren?

Ich warte bis heute auf eine Antwort von dir.

Die Ermittlungen haben ergeben, dass du in der vierten Woche schwanger warst und meine erste Enkelin erwartetest von Herrn David Steinemann, deinem Kollegen, den du mir nie vorgestellt hattest.

Es hat Sven das Herz gebrochen, er hat sich nie wieder bei uns sehen lassen.

Dein Vater ist kurz danach ausgezogen, wir konnten viel gemeinsam erleben, aber nicht zusammen leiden. Er hat eine Jüngere gefunden, mit ihr hat er nochmal ein Mädchen bekommen, habe ich gehört.

Wie schön wäre es, wenn ich dich wiedersehen und deine blonden Locken bürsten könnte, wie ich es tat, als du klein warst, meine Tochter.

Ich habe mir übrigens eine Puppe angefertigt und sie mit deinen Haaren, die ich mir heimlich aufbewahrt hatte, ausgestattet, damit du immer in meiner Nähe bist, meine kleine Prinzessin.

Zackiges zwischendurch zum Zwinkern

Marion Liedtke

Zufällig zwischen zwei Zwischenräumen zarter Zedernzweige zwitscherten zweifelsfrei zwanglos zischend zehn zutrauliche zauselige Zeisige,

zusätzlich zwischen zwei Zwetschgenzweigen zeterten zuckersüß zirpend zehn zünftige zuversichtlich zugewandte Zaunköniginnen zeitgleich zum Zwitscherschweigen.

Zunächst zeigten zwei zaghafte zimperliche Zeisige zuweilen ziemliche Zurückhaltung zielstrebig zusammen zu Zwetschgenzweigen zudringlich zuzusteigen,

zuletzt zugegebenermaßen zügellos zogen zügig zwanzig Zwitschernde zweifelsohne zugetan zutiefst zärtlich zueinander zufrieden zu zehn Zirbelkiefernzweigen.

Königstausch

Ina May

Herrenchiemsee – im Königsschloss, Herbst 1882

Ludwigs Augen waren einst die Diebe gewesen. Der französische Sonnenkönig verstand es, seine ganz unglaublichen Vorstellungen und Träume in die Wirklichkeit zu übertragen: Versailles. Und Ludwig II. hatte sich bei seinem Besuch tatsächlich vor dem König verneigt. Herrenchiemsee sollte nach seinem Vorbild entstehen.

Doch Sorgen bereiteten ihm die Blicke seiner Minister, das Getuschel um ihn herum. Der König hatte ein gutes Gehör. Sie schmiedeten hinter seinem Rücken Pläne. Die sauertöpfische Gräfin verbeugte sich stets tief, und wenn er auch ihre Gedanken nicht hören konnte, so kam sie ihm doch unehrlich vor bis ins Mark.

Er hatte sie die *Hechtin* getauft und sah vor seinem inneren Auge den Raubfisch. Sie war im Schloss mit Sicherheit die Spionin seiner Minister. Ludwig hatte immer gewusst, dass er mächtige Feinde hatte und zu wenig wirkliche Freunde.

Die Kinder ertappte er eines Tages, wie sie die Insel erkundeten; weil er sie verstand, konnte er ihnen nicht verübeln, dass sie neugierig mit dem Boot von der Fraueninsel übergesetzt hatten.

»Wohnst du in dem schönen Schloss?«, fragte ein Mädchen ein wenig atemlos. »Manches Mal«, hatte er erwidert. Woher sie denn wüssten, dass es *schön* sei. »Weil es so sein muss. Bestimmt gibt es auch eine Prinzessin.« - »Es gibt einen König«, hatte er erklärt »und einen Drachen«, bezeichnete er doch die *Hechtin* als solchen. »Dieser Drache kann eine andere Gestalt annehmen«. Und so war ihm der Gedanke gekommen …

»Da muss man doch was tun. Ein Drache ist kein Gegner«, fand ein großgewachsener Junge. Die Übrigen nickten zustimmend.

Was für eine Idee! Aber ja: Die Geheimgänge, von denen Ludwig einige selbst in den Plan gezeichnet hatte, fielen nicht auf, sie umschlossen die Zimmer, manche betrat man durch eine unauffällige Tapetentür. Und da waren die kleinen Löcher. Wozu die einmal gedacht waren, wusste Ludwig nicht, vielleicht um ein Auge auf alles zu haben, was in einigen von den Räumlichkeiten vorging.

Dieser König war so wenig ein Dummkopf wie ein französischer Arzt, der seine Erfindung Anfang des 19. Jahrhunderts ein *Stethoskop* genannt hatte, der, weil er sein Ohr nicht auf jemandes Brust legen wollte, um die Herztöne zu hören, eine Papierrolle benutzte. Die konnte man sicher auch anders einsetzen, war Ludwig überzeugt. Den Kindern gefiel der Plan. Sie bekamen jedes eine schmale Papierrolle, und Ludwig nahm ihnen ein heiliges Versprechen ab: zu keinem Außenstehenden ein Wort, was im Schloss gesprochen wurde.

Jetzt brauchte er die Blicke nicht mehr zu scheuen, er wusste, was sie bedeuteten.

Der Vollmond ließ ihn nicht schlafen in dieser Nacht. Ludwig wollte nicht nach dem Diener läuten, zog seine Stiefel und den Mantel an, entzündete eine Kerze. Unversehens kam ihm ein Gedanke.

Konnte ein Kind gesehen haben, wie jemand den Geheimgang öffnete? – Wenn man den linken Arm des fünften Leuchters absenkte, glitten gleichzeitig die Spiegel dahinter zur Seite. Es war ein Schaustück der Handwerkskunst. Niemand sonst wusste davon.

Ludwig senkte den Lampenarm und ging durch die Spiegel. Dahinter war die Dunkelheit eine andere. Ihm kam sie finsterer vor. Er hörte jemanden ängstlich fluchen. »Rauskommen!«, befahl er. Er sah eine Hand, die ihm entgegengriff. Im Kerzenschein meinte Ludwig, sich selbst …

»Das kann nicht sein.« Ihm stockte der Atem, er geriet ins Wanken, die Kerzenflamme flackerte. Der Fremde wollte an ihm vorbei, Ludwig riss an seinem Mantel, klammerte sich an dem Menschen fest. Er hörte einen Schmerzensschrei. »Du entkommst mir nicht«, erklärte Ludwig kalt. Beim Licht der Kerze starrte er den Mann an.

»Er sieht aus wie ich«, sagte Ludwig langsam zu sich, als ihm dämmerte, was sein Kabinett und die *Hechtin* vorhatten. »Ein Tausch?«

»Ich habe Eure Majestät studiert. Ich bin Schauspieler am Theater, in Kürze werde ich Ludwig II. von Bayern sein.«

Der Schauspieler sollte in drei Tagen seinen Platz einnehmen. Man würde ihn fürstlich entlohnen, behauptete er. *Seine größte Rolle*, wie er meinte. Der Mann war einfältig. Der echte Ludwig würde mit einem Boot abgeholt, glaubte er. Seine Leiche, wusste Ludwig und versprach dem Schauspieler einen Beutel Gold, wenn er kein Wort darüber verlor, wen er hinter den Spiegeln gesehen hatte.

Ludwig hatte einen Plan, er brauchte einige Dinge, jemand musste sich kümmern. Er wollte sich mit seinem Flügeladjutanten Graf Dürckheim in der folgenden Nacht am Inseldom treffen.

Dem Schauspieler legte er den versprochenen Beutel Goldmünzen aufs königliche Bett, dann lief er mit dem kleinen Koffer durch den Gang.

Auf der Wiese wartete Dürckheim schon auf ihn. An einem Heißluftballon hing ein großer Korb. Ludwig reichte seinen Koffer hinauf und kletterte in das Gefährt. Dürckheim wünschte ihm eine gute Fahrt.

Ludwig hoffte, Richard Wagner würde ihn in Venedig, das nun zum geeinigten Italien gehörte, herzlich willkommen heißen.

Wasserfrau

Heidi Merkel

Der Wind oder das Leben hatte sie dorthin geweht, wo sie wie eine verwunschene Wasserfrau hinter dem kleinen Verkaufsstand in Münchens Fußgängerzone stand und anschraubbare Düsen für Wasserhähne verkaufte.

Ein paar Leute waren stehengeblieben, wie immer in einem kleinen Halbkreis, schauten, hörten ihr zu. Und teilten sich plötzlich.

Sie hatten Platz gemacht für einen Herren, nicht allzu groß oder gar furchteinflößend, gekleidet in einen schlichten, dunkelblauen Mantel aus feinem Tuch. Sein behandschuhter Zeigefinger deutete flüchtig auf den Wasserstrahl, er sagte etwas auf Französisch zu seiner Begleiterin.

Die Wasserfrau stockte in ihrem Vortrag, der die Zweckmäßigkeit und Sparsamkeit dieser leicht anzubringenden, verstellbaren Düse anpries, und sie sah auf, in ein blasses, feingeschnittenes Patriziergesicht, geschützt vor zu viel Nähe durch eine große Sonnenbrille, die dunklen Haare, so gar nicht in diese Zeit passend, zu einem Mozartzopf zusammengefasst.

Seine Begleiterin, offenbar eine Dolmetscherin, wandte sich mit der Frage an sie, ob denn die Wasserhähne in Europa alle genormt seien.

Darauf hatte die Wasserfrau keine Antwort, weil sie es nicht wusste, und das brachte sie in Bedrängnis.

Sie wollte nicht, dass er ginge, ohne etwas von ihr mitzunehmen.

Sie wollte aber auch nicht, dass er etwas mitnahm und irgendwo zu Hause in einem fernen oder nahen Europa feststellte, dass sie gelogen hatte.

Sie zögerte zu antworten.

Er sah ihr zu, wie sie ihre Hand unter den sanften Wasserstrahl hielt, sah zu, wie sich Luftperlen an den feinen Härchen ihres Handrückens fingen und weitergeschwemmt wurden, wie sie mit einer kleinen Bewegung die Düse umstellte und das feine Sprühen des Wassers in der Märzsonne glitzerte.

Sie schlug die Augen nieder.

Er spürte ihre Verlegenheit und lächelte. Sprach ein paar Worte zu seiner Begleiterin, die übersetzte: "Monsieur wünscht, zwei Stück dieser Sprühdüsen mitzunehmen."

Später wusste sie nicht so recht, was in diesen paar Augenblicken geschehen war. Ein Verkaufsgespräch mit positivem Ausgang? Eine Begegnung? Und das Ziehen im Oberbauch, direkt unterhalb des Herznests, das sie verspürt hatte, was war das gewesen?

Ein Jahr später etwa – sie hatte inzwischen geheiratet und saß abends gerne, eng an die noch nicht zur Gewohnheit gewordene Schulter geschmiegt, vor dem Fernseher – sah sie in einem Frauenmagazin die neuesten Trends aus Paris, und ein zierlicher Modeschöpfer mit im Nacken zusammengefasstem Haarschopf und dunkler Brille kommentierte seine Kollektion mit dem Namen Aquarius. „Eine Hommage an das Wasser, an das Zeitalter des Wassermanns. Und der Wasserfrauen natürlich", sagte er in akzentfreiem Deutsch. Abendroben wurden gezeigt in allen erdenklichen Blau- und Türkisabstufungen, über und über mit Strasssteinen und Pailletten bestickt, und als Höhepunkt der Schau ein nachtblaues Samtcape, auf dessen rechter und linker Schulterpartie ein schmaler, silbern glitzernder Wasserperlenregen aufgestickt war, der sich verbreiterte und am Mantelsaum aufeinander zustrebte.

Die Wasserfrau rückte einen unmerklichen Millimeter weg von der Wärme des vertrauten Männerkörpers und lächelte.

Sie sagte kein Wort, und den Flügelschlag eines Schmetterlings, den sie verspürte, barg sie in einem geheimen Schrein.

Veröffentlicht im Buch "Wie man ein Konto in der Schweiz heiratet".
ISBN 978-3-96606-017-2. Der Abdruck erfolgt mit freundlicher Genehmigung des Liliom Verlags Waging.

Die bösen Hexen und der Findling

Rosemarie Mußner

Lore ist eine freundliche Witwe, die alleine ihr Häuschen in einem idyllischen Dorf im Chiemgau bewohnt. Umringt ist das alte schmucke Gebäude von einem riesengroßen Garten. Die bunte Blumenwiese ist voller Obst- und Nussbäume, seitlich hat sie eine Kräuterecke. Ein kleines Naturparadies für Bienen, Hummeln und die Vogelwelt.

Einen besonderen Apfelbaum hat ihr Vater an ihrem Geburtstag vor etwa 70 Jahren unweit eines Findlings gepflanzt. Das Aussehen des Felsbrockens mit umliegendem Geröll beflügelt die Fantasie des Beobachters. „Pranke eines Tieres"? Ihre Nachbarn nennen die ältere Dame liebevoll die „gutherzige Kräuterlore". Ihre Expertenkenntnisse der Kräuterheilkunde sind im weiten Umkreis sehr geschätzt.

In ihrer Melancholie kann sie nachts manchmal nicht schlafen, speziell bei Vollmondnächten. In dieser warmen Sommernacht Ende August erhellt ein klarer Sternenhimmel mit Vollmond mit seiner Leuchtkraft das kleine bayerische Dorf.

Lore schließt spät abends die Fensterläden ihres Häuschens und trinkt eine ihrer Kräutermischungen aus Hopfen und Melisse, die sie bald fest schlafen lässt.

In der unmittelbaren Nachbarschaft haben sich vor kurzem drei befreundete Hexen in einer verlassenen großen Scheune eingenistet. Die Stadthexe mit rotem Haar und großen Zahnlücken nennt sich „Minga". Von den beiden Landhexen ist die eine spindeldürr, mit langen blonden Haaren, die „Gscheidal". Die zweite Landhexe, mit schwarzem langem Haar, Brille und riesiger Oberweite, „Domi" genannt, ist die größte von den Dreien.

Auf ihrer nächtlichen Erkundungstour tauchen sie kurz nach Mitternacht vor Lores Gartentor auf.

„Oh schauts eich den Gartn o, so scheene grüne Epfen, und de Zwetschgn", die Hexe Minga schwärmend. „Nussn san a no do", so die Gscheidal und zeigt mit ihren dünnen Fingern.

Die große Hexe Domi sieht sich in allen Richtungen um, ob es Beobachter gibt: „Die Luft ist rein, des Gartentor is ned verschlossn, do kemma einfach eini geh". Sie öffnet lautlos das Gartentor. „So jetzt kemts", flüstert sie der Minga und Gscheidal zu.

Vorsichtig schleichen die Hexen in den Garten. „Schauts, da san Brombeern", so die Minga, und stopft sich ihren Mund voll mit den süßen dunklen Beeren. Auf einmal ein verhaltenes „Au" von ihr und ein krächzendes „Ä". „Des san de Stacheln von de Beern gwen".

„Ned so laut", so die Gscheidal zu ihr, die sich gerade mit Walnüssen ihren Rucksack füllt.

Die eifrige Hexe Domi: „Kommts, der Apfelbaum hinterm Heisl hat die scheensten Epfen dro". Alle Drei huschen vorsichtig an dem Häuschen vorbei.

„Wir neman de Epfen direkt vom Bam, des san de Bestn", so die Minga. Vor den Baum stellen die Hexen ihre Rucksäcke ab und wollen die Äpfel pflücken. Die Minga zischt, „was is jetz des, der Apfe geht ned oba", und reißt wieder und wieder daran. Die erboste Domi, „des kann ja ned sei", und tritt gegen den Baumstamm. Die Gscheidal: „Wir schütteln miteinander den Bam und de Äst". Gemeinsam rütteln sie am Baum und treten dagegen, jedoch kein Apfel will herabfallen. Voller Wut tritt die Domi noch einmal mit ihren kräftigen Füßen gegen den Baum. Die tobenden Hexen beschimpfen den Apfelbaum und beginnen, ihn zu verfluchen.

Plötzlich bewegt sich neben dem Apfelbaum der zu einer Pranke gewordene Felsbrocken zur Seite. Das Erdreich öffnet sich zu einem breiten und tiefen Spalt. Ein stark rauchender Sog aus dem Inneren der Erde verschlingt die drei fluchenden Hexen samt ihren Rucksäcken nacheinander in die heiße und rot leuchtende Tiefe. Die Erde verschließt sich wieder, und der Findling bewegt sich zurück auf seinen Platz.

Bei Sonnenaufgang erwacht die Kräuterlore aus ihrem Tiefschlaf. Sie öffnet alle Fensterläden ihres Häuschens und lässt die frische Morgenluft hineinströmen. Da erblickt sie mit Verwunderung die Schale mit dem Hauswurz, die auf dem Findling gestanden hatte, unversehrt neben dem Felsbrocken liegen.

Einige Wochen später sind die Äpfel der Bäume saftig rot und erntereif. Die liebe alte Dame befüllt Körbe mit Äpfeln, Nüssen und einem Kräuterbuschen. Wie jedes Jahr schenkt sie die Ernte an Not leidende Menschen.

Ähnlichkeiten mit lebenden Personen und realen Handlungen sind rein zufällig.

Es is imma wos dazwischn

Sepp Obermüller

A oide Liab mechst du auffrischn,
sie wohnt z'Hamburg, du in Prean.
Z'groß is do da Raum dazwischn,
es wird hoit nix, es is zum rean.

Da Torwart mecht an Elfa fanga,
er wui den Boi dawischn,
do er tuat danebn hoit glanga,
z'vui Raum war do dazwischn.

An Hausputz heit a Frau betreibt,
tuat olle Zimma wischn.
Wos zum Schluss no übableibt,
des is da Gang dazwischn.

Am Ufer hockst du heit beim Fischn
und schmeißt dein Anglhakn aus,
do z'vui Wassa is dazwischn
vo Fisch und Angl, werd nix draus.

Wenn du auf a Schlanga trettst,
sigst as züngln, hörst as zischn.
Vo da Schlang und dir gern hättst
jetzt ganz vui Raum dazwischn.

Zwischenräume

Sepp Obermüller

Wenn zwei Menschen sich gefunden,
sind für's Leben sie verbunden,
haben Hoffnung, Wünsche, Träume.
Dennoch gibt es Zwischenräume.

Denn gäb' es Zwischenräume nicht,
und alles wär' nur dicht an dicht,
gäb's nicht Freiheit, nicht Bewegung,
nur mehr Starrheit, ohne Regung.

Um Erkenntnis zu gewinnen,
mag es uns als Beispiel dienen,
zu werfen einen kurzen Blick
in Grenzbereiche der Physik.

Riesensterne, die vernichtet,
zu schwarzen Löchern sind verdichtet.
Zwischenräume gibt's hier nicht,
gefangen ist sogar das Licht.

Doch zurück zum Erdenleben.
Alle Pläne, die wir weben,
die Gedanken, Phantasien
doch nur im Zwischenraum erblühn.

Zwischenräume – Begegnungsstätten –
wenn wir diesen Raum nicht hätten,
könnt' sich Neues nicht entfalten,
alles blieb' nur stets beim Alten.

Der Gartenzwerg

Wolfgang Rendl

Ein kleiner, schöner und höchst gepflegter Garten, was konnte man sich da noch mehr wünschen? Schnell waren sich Heike und Rolf darüber einig: Ein Gartenzwerg sollte es sein. Nach fast zehn Jahren Ehe war es wohl an der Zeit, auch die kleinen Aufmerksamkeiten wieder aufleben zu lassen. „Zu viel Routine!", dachte ein jeder, und für Nachwuchs war es nie an der richtigen Zeit. Aber so ein Gartenzwerg, das war doch schon einmal etwas. Und tatsächlich hielt sie dieser kleine, immer lächelnde Kerl von nun an ständig in Atem. Es ging nämlich um die Frage seines Standplatzes, und da waren sich Heike und Rolf nicht so einig. Schlug der eine die Nachbarschaft der Lavendelstauden vor, wollte ihn der andere eher unter dem Birnenbaum. Gut, man war zu einem Kompromiss bereit: Der eine schlug die Rückwand der Garage vor, während der andere den Übergang zum Vorgarten als richtig befand. Kurzum: Man wurde sich nicht einig und wurde hierbei immer lauter. Schon gab es kaum noch ein anderes Thema unter den Konfliktparteien. Da fiel ihnen ziemlich gleichzeitig der alte Hans aus dem übernächsten Haus ein. Er galt als ein weiser Mensch, viel Lebenserfahrung gepaart mit einem eigentümlichen Humor. War der nicht der geeignete Streitschlichter? Sie sahen keinen anderen Weg mehr und baten ihn gefasst herbei.

Schon standen sie zu dritt im Garten und begutachteten die möglichen Standplätze für den Gartenzwerg, während dieser sich derweil auf der Terrasse zu gedulden hatte. Ausdrücklich ein Provisorium für beide Seiten. Heike und Rolf erklärten nunmehr ihre Vorstellungen, und Hans hörte geduldig zu. Die Gestik wurde ausladender, der Ton lauter, und dann fielen die ersten Schimpfwörter. Sie waren schon bei „Schaf", „Esel" und „Ziege" angelangt, als ihnen auffiel, dass Hans immer nur schwieg und überhaupt nicht eingriff. Ein schöner Streitschlichter war das! „Und was sagst du denn dazu?", kam es fast gleichzeitig aus zwei Kehlen. Hans war nun doch froh, endlich einmal zu Wort kommen zu können, obwohl er gar nicht so viel sprach: „Schaut euch einmal den Gartenzwerg an, wie er die ganze Zeit nur über euch lächelt." Das saß! Schnell wurde weitergeschimpft, aber diesmal über Hans. Eine einzige Unmöglichkeit das! Und dann fiel es ihnen erst langsam auf, dass sie dabei wieder wunderbar einträchtig waren. Der Beschimpfte hatte derweil längst das Schlachtfeld geräumt, nicht ohne ein zufriedenes Lächeln. Bereits am nächsten Tag war kein Gartenzwerg mehr in Heikes und Rolfs Garten zu sehen, und nie mehr tauchte er wieder auf. Und im nächsten Jahr hörte Hans schon Babygeschrei. Sie bedrängten ihn, der Taufpate zu sein. Er sagte leichten Herzens zu, sonst wäre vielleicht der nächste Streit ausgebrochen.

Preis der Moderne

Wolfgang Rendl

Traditionen, kommt mir bloß nicht zu nah´! Schon gar keine literarischen! Und deswegen schreibe ich eine ganz moderne Kürzestgeschichte. Sie beginnt so: Ein Mann schubst eine Frau, sie fällt hin. Oder umgekehrt, man weiß es nicht so genau. Gedanken werden keine verraten! Dann kommt jemand. Wohin er geht, wird nicht geschrieben. Ein Blick, so oder so. Wem er gehört? Pustekuchen! Schilderung von Wänden, ausführlich und verschiebbar. Antihelden weigern sich. Wovor, das bleibt ihr Geheimnis. Neologistische Taxationen. Stempeln gehen nur Jungspunde. In zweiter Reihe rollt ein Koffer vorüber. Dessen Besitzer viel zu unwesentlich, um ihn näher zu nennen. Das Ende bleibt offen, nein, vielleicht zyklisch. Der Leser entscheidet. Jetzt das Ganze noch in Verse unterteilen, und ich bekomme Literaturpreise. Deren Existenz ist auch traditionell, aber man erhält ja Schmerzensgeld.

Seltsame Liebe

Wolfgang Rendl

Zeit für Digitalisierung! So fand es die moderne Welt, so fand es Anja, und so sollte es auch ihr Lebensgefährte Klaus finden. „Die Liebe ist doch viel prickelnder, wenn sie digitalisiert wird,“ lautete Anjas Credo. Klaus zuckte mit den Achseln, schuf sich einen eigenen Laptop an und folgte geduldig. Wie tauschten sie von nun an heiße Botschaften über die digitalen Kanäle aus! Klaus fand sich technisch immer besser damit zurecht, obwohl er stets ein wenig hinter Anja herhinkte. Immerhin saßen sie sich noch bei gemeinsamen Mahlzeiten gegenüber, während ansonsten in der Freizeit jeder in seinem eigenen Zimmer verbrachte. Bei gelegentlichen Wanderungen war es für Anja spannender, wenn Klaus außerhalb ihrer Sichtweite war und über Smartphone mit ihr kommunizierte. SMS oder Telefonat, da überließ sie ihm großzügig die Wahl. Er aber vergaß immer mehr, wie sie sich anfühlte, denn Anja war für solches zu müde, da sie auch nachts digitale Kanäle mit anderen Zeitzonen auf der Erde pflegte. Langsam aber sicher veränderte sich Klaus, was Anja jedoch übersah. Von sich aus verbrachte er immer mehr Zeit vor dem Laptop, fand immer mehr Gefallen daran. Dann verließ er sie plötzlich für immer. Sein Abschiedsbrief war händisch geschrieben: „Ich habe mich für Alexa und Siri entschieden. Sie machen mir viel Freude und sind nicht so anspruchsvoll. Mach´s gut!"

ihr gesprächspartner antwortet nicht

Ingeborg Schmid

mach dir keine sorgen
habe ich zu deiner tochter gesagt
auch wenn er noch nie seinen Dienst vergessen hat
sicher ein missverständnis

er taucht schon noch auf
du weißt wie das ist
dort hat er keinen empfang
gegebenenfalls die polizei anrufen
zuerst bei seinen freunden probieren
jetzt die polizei anrufen
gewiss meldet er sich sobald er empfang hat
du weißt wie das ist
er taucht schon noch auf
bestimmt ein missverständnis

von der polizei nichts neues
wahrscheinlich meldet er sich
hoffentlich hat er empfang
wir wissen wie das ist
er taucht allemal auf
allenfalls ein missverständnis

die polizei ruft an
er meldet sich nicht
liegt nicht am empfang
die wissen nicht wie das ist
und ob er noch auftaucht
auf alle fälle ein missverständnis

die polizei ruft nicht an
du meldest dich nicht
du und ich haben keinen empfang
ich weiß nicht mehr was ist
du tauchst nicht auf
absolut nur ein missverständnis

die polizei ruft nicht mehr an
ich bin auf empfang
ich weiß nicht wie das ist
tauch doch noch auf
bitte ein missverständnis

er taucht nie mehr auf
sagen sie zu mir
du weißt wie das ist
dort hat er keinen empfang
kein missverständnis

mittlat drin

Ingeborg Schmid

numma Summar
noh nit Wintr
numma Liacht
noh nit finstar
kuane longen Toge miah
und noh kuane longen Nachte
numma grian
noh nit weiß
schier olm lei dr Nebl
obr a sia
a gildanes Strohln

mitten drinnen

kein Sommer mehr - noch kein Winter

kein Licht mehr - noch nicht dunkel

keine langen Tage mehr und noch keine langen Nächte

nicht mehr grün - noch nicht weiß

beinahe immer nur Nebel

aber manchesmal ein goldenes Strahlen

wenn drzwischn nuicht war

Ingeborg Schmid

ohne s Meer
fongat Afrika nit on
ohne s Amen
herat di Predigt nit au
ohne Filtr
breslat s Pulvar ins Wossar
und dr Tobak in di Lungen
ohne Linsn
follat er ihr nit au
und dr Speck ungebremst in di Suppa
ohne Decka
rutschat s Doch in Kallar
und dei Hond det hin, wö…

wenn dazwischen nichts wäre

ohne Meer würde Afrika nicht anfangen

ohne Amen würde die Predigt nicht enden

ohne Filter würde das Pulver ins Wasser und der Tabak in die Lungen bröseln

ohne Linsen würde er ihr nicht auf-, und der Speck ungebremst in die Suppe fallen

ohne Decke würde das Dach in den Keller rutschen, und deine Hand dorthin, wo...

Zwischen den Räumen

Ingeborg Schmid

Aus den Augen
verworrene Sinne
Aus den Augen
mit allen Sinnen
Aus den Augen
sinnlos
Aus den Augen
sinnlich
Aus den Augen
Trübsinn
Aus den Augen
Irrsinn
Aus den Augen
Aus den Sinnen?

Überraschung

Reinhold Schneider

„Hallo Sarah," sagt Inge, während sie mit einem Lächeln auf den Kleiderständer in der Damenabteilung von Karstadt zugeht.

„Ähh…, Yoga! Der Kurs vor drei Jahren." Sarah hängt das gerade noch mit Interesse betrachtete Kleid in den Ständer zurück und streckt ihr die Arme entgegen.

„Ja, richtig, ich bin die Inge." „Sag mal", setzt Inge nach, „du bist doch nach dem Abi mit deinem Freund – wie hieß er doch gleich – nach Berlin gegangen. Du wolltest BWL studieren, kann ich mich erinnern."

„Ach, das war mir zu viel Theorie, ich hab`s letztes Semester geschmissen. Hab mir allerdings schon was Neues überlegt. Ich will mit meinem Freund – er heißt übrigens Jens und studiert Sport – ein Start-up gründen, das sich mit der Programmierung von Fitness-Apps beschäftigt."

„Das klingt ja richtig spannend." Inge ist sichtlich beeindruckt. „Komm doch auf einen Kaffee mit zu mir. Dann lernst du meinen Freund kennen. Der studiert übrigens auch Sport."

„Liebling", ruft Inge von der offenen Haustüre in die Wohnung hinein, „ich hab eine Freundin zum Kaffee mitgebracht."

„Wer ist es denn?", fragt Max interessiert.

„Die Sarah, ich hab mit ihr früher Yoga gemacht. Sie ist nach dem Abi mit ihrem Freund Jens nach Berlin gezogen und jetzt ist sie wieder da."

Max spürt plötzlich ein beklemmendes Gefühl in der Magengegend. Er hatte Sarah letzte Woche zufällig in der Uni gesehen und sie spontan auf einen Kaffee in die Mensa eingeladen. Seine Gefühle für sie waren sofort wieder aufgeflammt, obwohl sie ihn während ihrer gesamten gemeinsamen Schulzeit verschmäht hatte.

Er hatte Inge nichts von ihrer Begegnung erzählt.

„Hallo Sarah", sagt Max mit gespielter Überraschung. „Wieder im Lande?" Sarahs Erstaunen ist nicht gespielt, als sie sieht, wer da vor ihr steht. Dies ist Inge nicht entgangen, was auch Max sofort registriert.

„Ihr kennt euch?"

„Ja, wir waren in der gleichen Klasse", klärt Max elegant die Situation.

„Ist ja verrückt", stammelt Inge perplex. „Was für ein Zufall.

Während Max den Kaffee aufbrüht, denkt er an die Situation in der Mensa. Sie hatten sich gegenseitig erzählt, was sie in den letzten drei Jahren erlebt hatten.

„Vielleicht kannst du mir ja helfen" sagte sie. „Für den Praxistest der neuen Apps brauche ich aktive Sportler, die mir Feedback geben."

„Ich helfe dir gerne", hört er sich noch sagen, denn er hatte nicht ungern vernommen, dass sie sich von Jens, diesem Angeber, getrennt hatte.

„Weißt du, was Sarah vorhat? Sie will eine eigene Fitness-App entwickeln und ein Start-up gründen. Ist das nicht spannend? Da kannst du ihr ja vielleicht ein paar Ratschläge geben oder Kontakte an der Uni vermitteln."

„Mal sehen, noch ist sie ja nicht soweit", sagt Max mit gespielter Zurückhaltung, während Sarah geschickt das Thema wechselt.

„Wie geht`s dir denn so mit deinem Medizinstudium, Inge?"

„Ach weißt du, ich sitze jeden Abend bis Mitternacht am Schreibtisch und kämpfe mich durch. Und Yoga mach ich auch seit einem Jahr nicht mehr."

„Inge hat ein Einser-Abitur und will ihr Studium auch mit eins abschließen, ergänzt Max vielsagend.

„Das erinnert mich daran, dass ich für Morgen unbedingt noch eine Aufgabe fertigmachen muss. Max, würde es dir was ausmachen, Sarah nach Hause zu fahren?"

„Nein, kein Problem! Komm Sarah, lassen wir Inge noch ein bisschen lernen."

„Magst du noch auf einen Tee mit hochkommen?

„Ja gern." Max hatte befürchtet, aber auch gehofft, dass sie das fragen würde.

Noch während der Tee zog, legte sie ihre Arme auf seine Schultern, und er zog sie sanft zu sich und spürte dabei nicht den geringsten Widerstand.

Am nächsten Tag trifft Max zufällig seinen ehemaligen Klassenkameraden Bernd in der Mensa, der jetzt BWL studiert. „Rate mal, wen ich neulich getroffen hab", eröffnet Bernd das Gespräch.

„Keine Ahnung, aber so wie du gerade unter Dampf stehst, wirst du`s mir gleich verraten."

„Die Sarah aus unserer Abiturklasse", pfeift es aus Bernd heraus.

„Aha" erwidert Max, der plötzlich hellwach ist, aber betont desinteressiert in seinem Milchreis herumrührt, während Bernd sich zu ihm an den Tisch setzt und ihm sämtliche Neuigkeiten über Sarah erzählt.

„Und sie sucht noch einen BWL'ler als Partner, der sich auf das Kaufmännische konzentrieren soll, während sie sich um die technischen Inhalte kümmern will", ergänzt Bernd.

„Und was ist daran so aufregend?"

„Na ja, sie hat mir angeboten bei ihr mitzumachen. Dabei war sie überaus nett zu mir. Wie du vielleicht noch weißt, fand ich sie früher schon klasse."

„Ja, ich erinnere mich, da warst du nicht der einzige." Was für ein durchtriebenes Luder, denkt sich Max, während er weiter in seinem Milchreis herumrührt.

Tags darauf taucht Max mit einem Blumenstrauß in der Wohnung auf. „Inge", ruft er, „ich hab dir was mitgebracht."

„Ahh, der ist aber schön", sagt sie sichtlich überrascht, aber mit einem Lächeln im Gesicht. „Wie kommt es, dass du mir Blumen schenkst?"

„Ach weißt du, ich wollte dir schon lange mal wieder sagen, dass ich dich lieb hab und dass du der wichtigste Mensch auf der Welt für mich bist." Max nimmt sie in den Arm und drückt sie fest an sich. Er weiß jetzt, wo er zu Hause ist.

Wortspiele um geometrische Zwischenräume 1

Reinhold Schneider

Mit allerlei *Einsichten* und *Aussichten*: *Schlitz* contra *Leerzeile*

Ein *Schlitz* im Kleid
gewährt in der Regel
interessantere Einsichten
als eine *Leerzeile*
zwischen zwei Absätzen.

Eine *Leerzeile*
zwischen zwei Absätzen
ist wiederum weniger öde
als eine leere Vergnügungsmeile
und birgt außerdem
Aussichten auf einen Szenenwechsel.

Abstand mit *Einsichten*

Der richtige *Abstand*
zwischen Oberkante Sneakers
und Unterkante Röhrenhose
mit *Einsicht* auf die gebräunte Haut
gibt dem Träger
ein Gefühl von Zugehörigkeit
zu einer hippen Peer Group,
wohingegen er
auf den richtigen Schutz*abstand*
gut verzichten kann.

Loch

Welches Schicksal
teilen leichte Golfbälle
mit schweren Jungs?
Sie werden alle
irgendwann einge*loch*t!

Wortspiele um geometrische Zwischenräume 2

Reinhold Schneider

Mit reimenden *Einsichten*

Bruch

Es war einmal ein Wort
das wurde oft gebrochen
beleidigt ging es fort
*Bruch*stücke in den Knochen.

Bresche

Erst sprang er in die *Bresche*
dann stolperte er fest
bekam dann auch noch Dresche
das gab ihm dann den Rest.

Lücke

Es war einmal ein süßer,
ein kleiner *Lücken*büßer,
im Glanz des Herrn er sonnte,
wenn mal der Herr nicht konnte.

Spalt

Ich will das Haar nicht *spalt*en,
das du siehst in der Suppe,
sagt er zu seiner Alten,
der Haare*spalt*erpuppe.

Die Frage, was zuerst war,
das Huhn oder das Ei,
ist müßig zu ergründen,
ist Haare*spalt*erei.

Leerzeichen

Vor diesen *leeren Zeichen*
die Wörter artig weichen,
schritten sie nicht zur Tat,
gäb's Buchstabensalat.

Öffnung

Als er ging
von der Dame
mit der *Öffnung*
in der Bluse,
war er leicht
und auch glücklich,
und er hob
die Hand zum Gruße.

Ritze

Als er schaute
durch die *Ritze*
in der Mauer,
da durchströmte ihn
ein eisenkalter
Schauer.

leerer Raum

Den leeren Baum
kann man nicht pflücken
den *leeren Raum*
kann man nicht räumen.
Zur rechten Zeit
muss man anrücken.
Termine darf
man nicht versäumen.

Wortspiele um geometrische Zwischenräume 3

Reinhold Schneider

Mit dichtenden *Einsichten*

Ein Bierfass hat ein *Loch*
da schlüpft ein Hahn hinein
dann ist es dicht, jedoch
der Hahn fühlt sich allein

da zischet er und singt
ihr Krüge eilt herbei
und bald ist er umringt
von Krügen allerlei

die zieh'n von Mund zu Mund
bis dass die Luft erbebt
und bis zur Sperre Stund
hat jeder was erlebt

das Fass das ist jetzt leer
zufrieden ist der Hahn
die Krüge nicht mehr schwer
die Arbeit ist getan.

Resonanz

Waltraud Schögler

Nachdenklich betrachtete sie das Paket auf ihrem Tisch. Sie selbst hatte es mitge-bracht und dorthin gelegt. Der Inhalt war sorgsam eingewickelt in eine Decke. Sanft legte sie ihre Hand darauf. Fühlte der Form nach – und dem, was sie dazu gebracht hatte, es zu erwerben. Vorsichtig öffnete sie die Decke und brachte den Inhalt ans Tageslicht. Es war eine Trommel.

Nun lag sie vor ihr auf dem Tisch. Rund und flach war sie. Die Tierhaut spannte sich straff über den hölzernen Rahmen. Buche sei es, hatte der Trom-melbauer gesagt. Und die Haut sei vom Hirsch, hatte er hinzugefügt. Die eine Hälfte der Haut war deutlich dunkler als die andere. Beide Hälften wurden in der Mitte optisch abgegrenzt durch einen noch dunkleren Streifen. Da sei die Wirbel-säule gewesen, hatte der Trommelbauer gesagt. Sie betrachtete die dunklere Hälfte genauer. Wolkige dunkle Flecken wurden von hellen Flecken durchbro-chen. Daraus ergab sich eine lebendige Gesprenkeltheit. Wie schnell ziehende Wolken am Sonnenhimmel. Sie hob die Hand und fuhr zart die Konturen der Wirbelsäule nach. Fühlte die tragende Struktur des Hirschkörpers. Ließ danach die Hand auf der Membran ruhen. Sah vor ihrem inneren Auge den stolzen Hirsch in seiner natürlichen Umgebung. Sah ihn auch als Wächter auf dem Weg von der alltäglichen in die nicht-alltägliche Welt. Er hatte den Kopf erhoben und sah ihr in die Augen. Er wartete auf sie. Sie senkte ihren Blick, sie war noch nicht so weit.

Langsam löste sie ihre Hand von der Trommel und betrachtete sie weiter. Ein Lichtstrahl fiel durch das Fenster auf das Instrument und erregte ihre Aufmerksamkeit. Sie nahm die Trommel und drehte sie um. Betrachtete die Schnüre, mit denen die Haut über den Rahmen gespannt war. Schließlich hob sie die Trommel hoch und hielt sie gegen das Licht. Nun begann die Haut zu leuchten, wurde durchsichtig, leicht und strahlend. Es gab keine Trennung mehr in zwei Hälften, keine Trennung mehr in Dunkel und Licht.

Bewundernd drehte sie den Rahmen. Der Abdruck der Adern im gegerbten Leder faszinierte sie. Sie erschienen ihr wie eine Landkarte des Lebens. Anerkennend nickte sie mit dem Kopf. Der Trommelbauer hatte ihr nicht zu viel versprochen. Dieses Instrument war würdig, um mit ihm in die nicht-alltägliche Welt zu reisen.

Sie nahm den Schlegel in die rechte Hand. Wog ihn prüfend. Fand die Position, in der er wie von selbst trommeln würde. Sie fasste die Trommel an der Stelle, an der sich die Spannschnüre kreuzten. Der Trommelbauer hatte dort die Schnüre fest umwickelt. Ihre linke Hand fand Halt und balancierte die Trommel. Sie schloss die Augen und überließ ihrem Arm die Entscheidung für den richtigen Neigungswinkel. Sie atmete bewusst aus und wieder ein. Folgte mit ihrer

Aufmerksamkeit dem Atem. Folgte ihrem Atem in ihren Körper. Nahm ihren Körper als Resonanz-Raum zwischen Himmel und Erde wahr. Fühlte, dass sie bereit war. Bereit für die Reise. Sie hob die Hand mit dem Schlegel und begann zu trommeln.

Harmlos oder nicht

Anni Stiegler

«Wie kann man nur so naiv sein», habe ich ihn angeherrscht. Ganz nebenbei hatte mein Mann von der telefonischen Verabredung mit einem ominösen Steuerfachmann erzählt.

«Beruhige dich! Es ist nichts passiert!» Der besänftigende Ton und diese Handbewegung, «mach langsam», brachten mich erst richtig auf die Palme.

«Du bist Geschäftsmann in leitender Funktion und lässt dich auf ein so dubioses Geschäftsgebaren ein!»

«Morgen kommt der Typ vorbei.»

«Ich verstehe! Der kommt in unsere Wohnung? Hat der kein Büro?»

«Ja klar, hierher kommt er. Um vierzehn Uhr!»

»Ein Wildfremder! Ohne Referenzen! Der kann sich ja mal in aller Ruhe umschauen, ob es hier was zu holen gibt.»

«Er ist Fachanwalt für Steuerrecht. Und er war Finanzbeamter beim Finanzamt.»

«Und dann ruft der dich einfach so an?» Mein Blut pulste in meinen Schläfen. Ich dachte, mein Kopf platzt.

«Das finde ich nicht seriös», sagte ich einigermaßen beherrscht.

124

«Ach, was du wieder hast!» Mein Mann beeilte sich, das Abendbrotgeschirr abzuräumen.

«Jetzt lass ihn doch einfach mal kommen!»

Ich sah ihn vor mir, den feinen Herrn. Und mein Mann unterschreibt irgendwelche Verträge, die uns in den Ruin führen.

«Er sagt, er möchte mich nur beraten, wie ich einen Haufen Steuern sparen kann.»

Für ihn war das Thema erledigt.

Ich konnte die ganze Nacht nicht schlafen.

Am nächsten Morgen rang ich mit meiner Unentschlossenheit. Ich wollte die Polizei anrufen. Was für eine Blamage, wenn mein Misstrauen unberechtigt war. Ich würde meinen Mann mit dieser Aktion hintergehen!

Ich wählte die Nummer vom örtlichen Polizeirevier. Tatsächlich gab es seit kurzem Hinweise auf solche Betrugsfälle. Mehr wollte man mir am Telefon nicht sagen. Sie wollten der Sache nachgehen.

Die Kripo rief meinen Mann in der Firma an, und sie vereinbarten die Vorgehensweise.

Das Beratungsgespräch sollte in unserem Wohnzimmer stattfinden. Eine Kriminalbeamtin wollte an meiner Stelle in der Rolle der Ehefrau an der Besprechung teilnehmen. Ein Kollege würde sich in der Wohnung aufhalten, um dann im rechten Augenblick einzugreifen. Um halb Zwei erschienen die beiden Beamten in Zivil. Die Frau hatte ungefähr mein Alter und sah harmlos aus. Brünett, halblange Haare, ungeschminkt, genau wie ich.

Die Beamten schauten sich in unserer Wohnung um. Würden Waffen zum Einsatz kommen? Mir war das alles unheimlich. Ich wollte nicht anwesend sein, auch dann nicht, wenn sich meine Befürchtungen als haltlos erweisen sollten.

Zwischen unserem Wohnzimmer und dem Schlafzimmer hatte es ursprünglich eine Verbindungstüre gegeben. Weil wir den Platz jedoch als Stellwand für unser Sideboard brauchten, hatten wir die Türe im Wohnzimmer entfernen lassen, und die Wand mit einer Rigipsplatte versehen. Auf der anderen Seite im Schlafzimmer stand vor der so entstandenen Nische ein Paravent.

Der Kriminalbeamte bezog seinen Posten im Schlafzimmer hinter der Rigipsplatte. Mit einem mulmigen Gefühl verließ ich das Haus. Als ich die Haustüre hinter mir schloss, sah ich einen Mann, wie er Geld in die Parkuhr warf. Ob er das war? Gerne hätte ich noch gesehen, wo er klingelt. Aber ich drehte mich nicht um.

Im Café setzte ich mich ans Fenster und wartete. Ich beobachtete die Straße. 14.20 Uhr! Zwanzig Minuten wäre er jetzt schon in der Wohnung. Vielleicht war er aber gar nicht gekommen, oder er könnte sich verspätet haben. Der Verkehr staute sich, Frauen schleppten Einkaufstüten, Männer hatten es eilig. Ein Polizeifahrzeug fuhr vorbei. Ohne Blaulicht! Ob sie noch am Esstisch saßen? Wie lief so etwas ab? Ob der Mann in Handschellen abgeführt würde?

Nach eineinhalb Stunden hielt ich es nicht mehr aus. Ich rief zu Hause an. «Du kannst kommen. Alles vorbei.» Mein Mann wollte am Telefon nichts erzählen. Es waren nur wenige Minuten bis zu unserem Haus.

Im Treppenhaus deutete nichts auf ein besonderes Geschehen hin. Obwohl ich einen Schlüssel hatte, läutete ich. Mein Mann öffnete die Türe mit einem Lächeln. «Und? Habe ich Recht gehabt?»

«Ja, da hat einiges nicht gestimmt», sagte er und erzählte, wie der angebliche Steuerfachanwalt selbstsicher und arglos seine Unterlagen auf dem Wohnzimmertisch ausgebreitet hatte. Mein Mann grinste, als er darüber sprach, wie die Kriminalbeamtin ungeniert ihre Rolle gespielt und ihn gründlich ausgefragt hatte. Während dessen saß der Kollege in der Nische zwischen Rigipswand und Paravent und schrieb alles mit. Zu einer weiteren strafbaren Handlung ließen sie es gar nicht erst kommen. Mein Double gab sich zu erkennen. Der falsche Name, mit dem er aufgetreten war, die Visitenkarte mit dem widerrechtlichen Gebrauch eines Titels, Straftatbestand § 132 a, hatten schon gereicht. «Ein harmloser Hochstapler», sagte mein Mann. Ich glaube, er tat ihm sogar leid. Die Beamten notierten seine Daten und nahmen ihn fürs Protokoll mit aufs Revier. Der lang gesuchte Betrüger war er nicht.

Nicht einmal Handschellen waren zum Einsatz gekommen.

Honigmilch

Anni Stiegler

Krabbeln, auf allen Vieren, unter den Tisch, hinter das Sofa, zwischen den Bei-
nen der Erwachsenen hindurch, das konnte Martha seit ein paar Wochen. Und
jetzt fing sie an zu laufen. Die ersten Schritte, noch ein bisschen unsicher, in den
hochgeschnürten Schuhen, aber eine neue Perspektive, aus der es viel zu entde-
cken gab. Sprechen konnte sie noch nicht, oder vielleicht ein paar einzelne Silben.
Wie «Da!» Flink bewegten sich die kleinen Füße über die weichen Teppiche.
Noch balancierte sie mit den nackten Ärmchen. Ganz rote Wangen hatte sie.
«Da, da!», hatte sie gerufen und war losgerannt. Mutig unbekümmert, in diesen
neu entdeckten Raum, der sich da vor ihr aufgetan hatte, zwischen dem Tisch mit
dem Kocher, auf dem die Milch erhitzt wurde, und der Wand, in der die Wärme-
quelle an die Stromversorgung angeschlossen war. «Da!» Und dann war es pas-
siert. Heiße Honigmilch verursacht Verbrennungen dritten Grades. Und Schmer-
zen! An die Schmerzen erinnerte Martha sich später nicht mehr. Jedenfalls nicht
bewusst. Obwohl sie sich die Panik ihrer Mutter vorstellen konnte. «Um Gottes
willen Kind! Zeig her! Was machst du? Schnell! Wie konnte das nur passieren?
Du dumme kleine Maus!» Zum Arzt ist sie mit ihr gerannt. Telefon und Auto gab
es nicht. «Das war so schlimm, du hast geweint, gebrüllt hast du auf meinem

Arm. Ich hatte solche Angst um dich! Es war meine Schuld, ich hatte die Gefahr nicht erkannt», sagte sie später.

Der Arzt versorgte Marthas Arm mit einem Verband und Heilsalbe. «Das wird eine Narbe bleiben», sagte er. Die Mutter ließ Martha nicht mehr aus den Augen. Nicht als sie eingeschult wurde, nicht, als sie Rad fahren lernen wollte, und als sie Schlittschuh laufen lernte, war sie immer in der Nähe! «Schwimmen lernen, viel zu gefährlich! Du wirst mir noch ertrinken!», fürchtete sie.

Wenn Martha im Sommer ein Kleid anzog, sagte die Mutter: «Man sieht die Narbe kaum noch!» Aber Martha entschied sich dann doch lieber für eine lang-ärmlige Bluse. Auch wenn sie sich an den Anblick der schrumpeligen Haut gewöhnt hatte, die aussah wie zu eng zusammengenähte Kleidung, durfte sie nicht jeder sehen.

Es war ein langer Weg. Sie war schon erwachsen, da lernte Martha doch noch schwimmen. Eines Tages traute sie sich sogar, in den See zu springen. Jetzt, den Glanzpunkt ihres Lebens hatte sie längst überschritten, schwamm sie zügig hinaus in den Weitsee. Auf dem Rücken ließ sie sich zurücktreiben, schaute in den Himmel, sah, wie das Sonnenrot am Horizont aufging. Ein herrliches Gefühl, schwebend in dem kühlen Wasser. Die Narbe auf ihrem Oberarm hatte sich kaum verändert, mitgewachsen war sie und verblasst. Mit den Jahren waren noch andere Blessuren hinzugekommen. Narben sind Zeichen von Verletzungen, gleichgültig, wie lange sie her sind. Aber sie sind auch Symbole der Heilung. Das hatte Martha gelernt.

Dem Jockerl sei Papa – Verloren in der Zwischenwelt

Elisabeth Thielemann

Ein ganz kleiner „Zwack" war er noch, der Jockerl, als er immer mit seinem Papa auf den Berg fuhr, um das Holz ins Tal zu holen.

Ein Fuhrunternehmen mit mindestens zehn Rössern hatte er sich aufgebaut, der Papa, nachdem er als Spätheimkehrer aus Frankreich nach dem 2. Weltkrieg wieder in seine Heimat Aschau im Chiemgau zurückgekehrt war. Ein echter Chiemgauer halt, den es wieder zurück nach Hause getrieben hatte wie so Viele. Er diente dem Baron von Cramer-Klett, dem Besitzer von Schloss Hohenaschau, von dem er das große Haus mit Garten gepachtet hatte, das er mit seiner Frau, dem Jockerl und der kleinen Maria bewohnte.

Dem kleinen Jockerl hatte er die Aufgabe übertragen, die Pferde-Stallungen auszumisten, ihn beim Holzholen auf den Berg zu begleiten und bei der Arbeit zu helfen. Das tat der Jockerl auch brav.

Als er und der Papa eines Tages wieder einmal mit dem Pferdegespann auf der Kampenwand unterwegs waren, hatten sie eine große Menge Holz geladen. Für den Rückweg setzte Jockerls Vater den kleinen Zwack auf den Holzstoß, der mit Eisenketten gesichert war. Nun ging es mit der schweren Ladung bergab, und sie kamen an eine enge Kehre. Es gelang den beiden Rössern nicht auf Anhieb, die

Kurve zu bekommen, und sie stockten. Da griff der Papa zur Peitsche und trieb die Tiere dermaßen an, dass in diese Panik verfielen und durchgingen. Geistesgegenwärtig ergriff der Papa den Jockerl, riss ihn vom Holzstoß herunter und sprang mit ihm vom Fuhrwerk ab. Die Rösser rannten voller Panik geradeaus und stürzten mitsamt Fuhrwerk und Holz in eine Schlucht. „Mei Jockerl, jetzt hamma aba Glück ghabt!", sagte der Papa zitternd zum Jockerl, der mit weit aufgerissenen Augen dastand und in Richtung Schlucht blickte. Die armen beiden Rösser hatten das nicht überlebt. Papa und Jockerl waren nur froh, dass sie am Leben geblieben waren, denn es hätte auch ganz anders ausgehen können. Das Holz und die toten Tiere mussten später aus der Schlucht geborgen und die Arbeit fortgeführt werden. Mit neuem Gespann machten sich die Zwei weiterhin auf den Weg zur Kampenwand und holten das Holz für den Herrn Baron ins Tal. Sie arbeiteten gern für ihn, er war ein netter Mann.

Daneben fuhr der Papa auch die Hochzeitskutsche, wenn in Aschau oder Umgebung geheiratet wurde, und der kleine Jockerl war mächtig stolz, wenn er dabei sein und im Sonntagsgewand neben dem Papa auf dem Bock sitzen durfte.

Sie waren zufrieden und glücklich in dieser ihrer Welt. Es war eine arbeitsreiche, aber schöne Zeit. Bis irgendwann der „Holzvergaser", das Auto, auftauchte und eine Wende in ihrem Leben einläutete…

Das Auto bot eine Alternative zur Pferdestärke und verdrängte mit der Zeit die Pferdefuhrwerke immer mehr, bis irgendwann die Arbeit vom Papa nicht mehr gefragt war. Er hatte aber Frau und zwei Kinder zu ernähren. Da riet die Mama: „Bring de drei Rösser, die mia no hom, doch zum Pferdemetzger und loss uns in d'Stadt nach Minga geh. Do findst gwiss a Arbeit!" So gingen sie 1949 nach München, und zwar ins Ostbahnhofviertel. Der Papa fand anfangs eine Stelle, als Kraftfahrer beim Konsum. Nachdem er aber sein Leben in Aschau als Selbständiger gewohnt war, fiel es ihm schwer, sich unterzuordnen, und er fühlte sich sehr unglücklich. Bald gab er seine Stelle beim Konsum auf und war arbeitslos. Er begann zu trinken.

Einmal schickte er den Jockerl, der jetzt ein Schulbub war, zum Bierholen in den nahegelegenen Sedanhof, wo Papas spezieller Stammgast-Bierkrug gelagert war. Der Bub rannte los über den Pariser Platz, holte beim Wirt das Bier und bezahlte. Mit vollem Bierkrug begab er sich auf den Rückweg. Plötzlich stolperte er über den hohen Randstein des Pariser Platzes, und der Krug fiel zu Boden. Er sah die Scherben von Papas Bierkrug auseinanderbersten und das Bier den Randstein hinunterlaufen. Große Angst plagte ihn vor Papas Strafe. So lief er verweint zum Wirt zurück. Der Wirt sagte: „Bua, des is koa Problem! I schenk dia jetzt a neie Maß ei. Aber de Maß zahlst du!" Der Jockerl: „Aber i hob doch koa Geld". Der Wirt: „Brauchst bloß nach da Schui zu mia zum Tellerwaschn kemma, dann is de Maß zahlt". Der Jockerl war sofort einverstanden.

Daheim bemerkte der Papa sofort: „Des is aba net mei Maßkruag!" Und gab dem Jockerl gleich vorab eine Ohrfeige. Der Jockerl stotterte schuldbewusst:

„Bin gschtolpert über den depperten Randstoa, da hats den Maßkruag zamma ghaut!" Der Papa gab sich jetzt, Gott sei Dank, zufrieden, indem er seine Maß ansetzte und trank.

Daraufhin ging der Jockerl zwei Wochen lang nach der Schule zum Wirt und arbeitete die Maß ab. Endlich war sie bezahlt! Er erzählte es später dem Papa und fragte ihn nach ein wenig Taschengeld, weil er so brav die Schulden abgearbeitet hatte. Der Papa „Du host den Kruag daschmissen und des Bier verschütt, und für des muaßt du zoin!" Es gab nichts für den Jockerl.

Der Papa verfiel immer mehr dem Alkohol und schied bald aus dieser Welt, die nie mehr die seine geworden war.

.....von der Suche nach der Freiheit und einer großen Liebe

Elisabeth Thielemann

Luise war alt geworden. Sie saß in ihrem Lehnsessel und sinnierte über ihr Leben. Was waren es nur für wilde Zeiten gewesen, früher, als sie noch jung war. Ein Leben lang hatte sie nach der Freiheit gesucht. Hatte sie sie jetzt gefunden? Gibt es die wahre Freiheit überhaupt, oder ist sie nur ein Wort, eine Vorstellung? Und verstehen alle Menschen das Gleiche unter dem Begriff Freiheit? Viele Fragen, über die sie gerade nachdenken musste.

Sie hatte in ihrer Jugend davon geträumt, eigenständig, frei von Einschränkungen und gesellschaftlichen Pflichten leben zu können, sich in keinen Bindungen bewegen zu müssen, die sie einschränken und ihr Lasten, Zwänge und Verpflichtungen auferlegen würden. „Nimm Dein Leben selbst in die Hand, aber trage auch die Verantwortung für dein Tun," hatte sie sich vorgenommen.

Oft hatte ihr das Leben die Wege vorgezeichnet, sie in Richtungen geleitet, die nicht ganz ihrer Vorstellung von Freiheit entsprachen. Und trotzdem musste sie sie gehen. Die Räume zwischen Vorstellung und Wirklichkeit veränderten sich stetig. In manchen Phasen ihres Lebens schienen sie ihr unüberbrückbar, dann wieder klein, näher dem, was sie erstrebte. Ein ständiges Auf und Ab, ohne Unterbrechung, ohne Zeit zum Nachdenken! Ehe, Kindererziehung, Beruf, Krankheiten und alles mehr, die ganze Palette, die einem Menschen abverlangt, sich anzupassen, sich in Räumen zu bewegen, die begrenzt sind, hatte sie hinter sich. Und trotzdem war sie kein unglücklicher Mensch geworden.

Sie hatte als Jugendliche immer unter dem Birnbaum im Garten ihrer Eltern gestanden und hinaufgeschaut in den stahlblauen Himmel. Dort hinauf, wo ganz oben riesige Vögel entlang flogen, deren Leiber in der Sonne aufblitzten, als wollten sie sie auffordern: „Komm doch mit, wir zeigen dir ein fernes Land voller Freiheit und Abenteuer!" Wie gerne wäre sie damals mitgeflogen und wie groß war ihre Sehnsucht, wenn sie ihnen nachsah, bis sie aus ihren Augen verschwunden waren. Ins ferne Amerika wollte sie und die Welt erleben, die ihr so fern schien und doch so nah.

Aber das Leben hatte Anderes mit ihr vor. München war es geworden und nicht Amerika. Die Stadt erschien ihr wie eine bunte, aufregende Weltkugel, als sie den Sprung aus ihrem kleinen Dorf dorthin wagte. Und irgendwie hatte sie es auch nicht bereut. Nur eine Distanz von hundert Kilometern, die es ihr ermöglichte, jederzeit in ihren geliebten Chiemgau zurückzukehren, wann immer sie wollte und ihre vertrauten Menschen wiederzusehen. Das war ein großer Vorteil, denn sie kannte das Gefühl von Heimweh, auch das hatte sie schon erlebt.

Während sie so vor sich hin sinnierte, kamen Erinnerungen in ihr hoch. Sie wusste nicht warum, aber gerade dachte sie an ihre Katze Micki, wobei eine seltsame Wärme sie durchströmte. Drüben im Garten, auf dem Hügel, hatte sie sie beerdigt. Elfeinhalb Jahre war das Tier an ihrer Seite gewesen, bevor der Krebs seinem Leben ein Ende setzte. Was war das nur für eine Vertrautheit zwischen ihnen gewesen! Nie hatte sie Micki vergessen. Und manchmal, wenn sie auf dem Hügel im Garten arbeitete, sprach sie mit ihr, so, als wäre sie noch da.

Luise hatte ein Lächeln auf den Lippen, als sie daran dachte, wie sehr Micki immer ihre Nähe gesucht hatte. Wenn Luise im vorderen Teil des Gartens arbeitete, folgte ihr das Tier und suchte sich dort einen Ruheplatz. Wechselte Luise jedoch ihren Arbeitsplatz, erhob sich die Katze und folgte ihr, um nah bei ihr zu sein. Sie liebte diese Nähe, wollte keine Zwischenräume! Am Abend, wenn es dunkel war, ging Luise in den Garten und rief nach ihr. Dann schoss die Katze wie ein Blitz aus dem Dunkel der Nacht hervor und schmiegte sich an Luises Füße. Dann nahm Luise sie hoch und brachte sie nach innen. Nach dem Füttern machte Micki es sich auf Luises Schoß bequem und legte ihre Pfoten in Luises Hände. Dann, am Ende des Abends legte Luise die schlafende, zusammengerollte Katze in ihren Korb im Hobbyraum und deckte sie behutsam zu.

Nun war Micki nur noch in Luises Erinnerung gegenwärtig und auf dem großen Bild, das in Luises Küche hing, von dem ihr das geliebte Tier täglich vertraut in die Augen blickte. Nie hatte sie sich wieder ein anderes Tier angeschafft. Die Lücke war geblieben. Micki war nicht zu ersetzen!

Noch saß Luise in ihrem Lehnstuhl und blickte zum Fenster, als sie ein Picken hörte. Auf dem Fensterbrett hatte sich eine Amsel niedergelassen. Wenig später flog sie weg, hoch hinauf in den Himmel, hinauf in eine grenzenlose Freiheit!

Luise fragte sich erneut: „Habe ich die Freiheit jemals gefunden? Und warum bin ich ihr ein Leben lang hinterher gejagt?" Ihr war jetzt klar geworden, dass die absolute Freiheit nur als Wunschtraum in den Köpfen der Menschen existiert. Und indem sie endlich aufgehört hatte, sie zu suchen, fühlte sie sich wirklich frei!

Zwischenräume : Sprachwelten

Elisabeth Thielemann

„Puh! Gerade noch geschafft!", dachte sie, während sie zu einem Sprung in die U-Bahn ansetzte. Abgehetzt ließ sie sich auf einer Bank in der Wagenmitte nieder. Eine ältere Frau saß ihr gegenüber. Eli lächelte sie an und schnaufte erst einmal tief durch. Ihr Blick glitt hinüber zur gegenüberliegenden Bank, wo drei Schüler saßen. Sie redeten kein Wort miteinander, sondern tippten, wischten und starrten auf ihre Handys. „Bullshit!", rief der Eine. „Jetzt bin ich raus! Mein Level! Bin richtig abgefuckt!" Er tippte erneut. Elis Blick schweifte weiter, und sie bemerkte, dass ein Großteil der Menschen, die sich im Waggon befanden, das gleiche tat.

Die Frau lachte sie an. Sie ahnte wohl, was in Elis Gedanken vor sich ging. „Haben die alle eine Krankheit?", wandte sich die Frau an Eli. „Ja" meinte diese. „Die haben die Wisch- und Tipp-Krankheit. Die ist heutzutage weit verbreitet." Beide mussten lachen.

Eli hatte sich zurückgelehnt und gar nicht bemerkt, dass die drei Buben inzwischen das Abteil verlassen und neue wischende und tippende Fahrgäste ihre Plätze eingenommen hatten. „Blong..Blong..Blong!", tönte es in ihre Ohren, und hinter ihr war die Stimme eines Mädchens zu hören, das angeregt mit einer

Freundin telefonierte. „Ist ja voll geil, dass du auch kommst, ey! Sag mal, wie soll ich mich da dressen? Röhre oder Mini?" Das Mädchen horchte in sein Gerät und sprach erneut. „Nee, das ist total unangesagt und mega-out. Ich will mir´s mit Manuel nicht verkacken." Sie horchte wieder, dann: „Nee, der ist wirklich kein Klemmi, der ist saucool. Du, ich muss mich jetzt gleich verpissen, gleich ist jump out!" Das Mädchen verließ das Abteil, eine neue Generation von Wischern und Tippern stieg ein.

Vorerst war ein wenig Ruhe eingekehrt. Die übrigen Telefonierer saßen zum Glück ein wenig entfernt, dafür stank es jetzt erbärmlich nach Knoblauch. Elis Gegenüber lachte sie an und sagte „Ich rieche es auch, aber da müssen wir jetzt durch!" Als der Stinker verschwunden war, meinte die Frau „Merken Sie was? Man kann wieder schnaufen!" Wieder lachen beide.

Zwei dunkelhaarige Männer stiegen ein und fragten „Hier frei, Frau?" Eli antwortete „Ja, setzen Sie sich ruhig zu uns." Nun begann eine intensive Unterhaltung. „Weißt, hab ich gestern den Ercan getroffen. Will sein Auto verchecken. Hat mich total vollgetextet! Ultrakrasser Typ ey! Hat mich gefragt, ob ich kaufen will. Hab ich ihm aber Stornokarte gezeigt. Brauchst du vielleicht Auto?" Der Andere: „Von Ercan kauf ich nicht Auto. Ist Schmacko. Hat meine letzte Freundin gerippt. Ist voll der Horst Mann! Hab momentan kein Plan. Und weißt, kein Sackgeld! Kann seine Knutschkugel behalten, ey! Du bist wenigstens real, Alter!" Der Freund „Okay! Muss jetzt aber weiterhiken!" Der Angesprochene: „Is gut,

Mann, hau rein, Alter!" Sie klatschten sich ab, der Eine stieg aus, der Andere erhob sich und entfernte sich in den vorderen Wagenteil.

Die Frau sah Eli fragend an „Haben Sie verstanden, um was es da ging? Um Gottes Willen, was hat der denn diesem armen Mädchen angetan? Gerippt?" Ein Junge, der das mitbekommen hatte, lachte und klärte auf „Nein, nein, der hat ihm nur die Freundin ausgespannt, weiter nichts!" Große Erleichterung.

Eine ältere Dame stieg ein. Sie schaute sich um und plötzlich erhellte sich ihr Gesicht. „Ja griaß Eahna, Frau Huber!", rief sie und steuerte auf eine Frau zu, die ihr entgegnete: „Ja Frau Fischer! Is des a Freud, dass mir uns da treff'n?. Sitzens Eahna her zu mir!" Die Fischerin: „Wissens, I war grad beim Arzt weg'n meim Knie, des is scho a Kreuz, wenn ma alt wird." Die Huberin: „Wem sagn's des! Jeden Tag tut einem was anderes weh. Und mia hamma zurzeit so an Ärger mit dera, die da in dem kleinen Häusl am Eck wohnt." Die Fischerin: „Moanan Sie de Arrogante mit dem Hundsviech?" Die Huberin: „Ja, die moan i. Stelln Sie sich vor, de lasst jeden Tag ihrn Köter auf unsern Gehweg..." Sie flüsterte der Fischerin ein Wort ins Ohr und schaute sich verlegen um. Dann sagte sie: „Neulich hat mei Mann sie angsprochn. Und wissen S', was die gsagt hat? ‚Das verrottet doch'! ...A so a bläds Luder!"

Die kopfschüttelnde Fischerin: „Jetzt muss aber i Ihnen was erzählen. Wissens, es interessiert mi ja überhaupt need, was die Nachbarn so treibn, aber i siehg von mein Küchenfenster direkt zu dera neuen boanigen Mieterin nüber. Do siehg i immer den Mo von der Landingerin aus- und eingehn. Angeblich hilft er ihr bei de schwera Arbeiten. Nachbarschaftshilfe!!" Die Huberin: „De Nachbarschaftshilfe mächat i gern amoi sehn, des konns ihrer Großmutter erzählen!"

Der Rest der Unterhaltung blieb Eli verborgen. Sie war an ihrer Haltestelle angekommen und musste die U-Bahn verlassen. Beim Aussteigen prallte sie direkt mit einer Frau zusammen, die wie eine Säule den Ausgang versperrte. „Pass doch auf, du oide Rutschn!", raunzte die Frau sie an.

Eli wurde jäh aus ihren Gedanken gerissen und registrierte, sie war wieder in ihrer Welt angekommen. Mit einem Schmunzeln auf den Lippen ging sie nach Hause.

Zwischenstopp

Sybille Trapp

Der Wind peitscht ihr den feinen, kalten Regen ins Gesicht. Nora zieht die Kapuze ihres Anoraks tief über die Stirn und knotet den dicken Wollschal fest im Nacken zusammen. Seit einigen Monaten lebt sie nun schon jenseits des Polarkreises in diesem Fischerstädtchen, das zwischen schroffen, steil aufragenden Felswänden und dem Meer eingeklemmt liegt. Ein karger Fleck Erde mit rauem Klima, ausgeliefert den Stürmen, die vor allem jetzt im Herbst toben und die See bedrohlich aufwühlen. In dieser Jahreszeit ist es hier nur wenige Stunden am Tag hell. Bald kommt die Sonne mehrere Wochen gar nicht mehr über dem Horizont hervor. Nur das schwache Leuchten ihrer abgelenkten Strahlen unterbricht dann mittags für eine Stunde die Polarnacht mit einem fast unheimlichen Dämmerlicht.

Kurzentschlossen hat Nora im Sommer der hippen Hauptstadt im Süden des Landes samt gut bezahltem, stressigen Job den Rücken gekehrt. Das unverhoffte Angebot einer Vertretungsstelle mit geringer Stundenzahl weit oben im Norden hat in ihr die Sehnsucht nach Entschleunigung geweckt. Es ist ihr nicht schwergefallen, sich in ihrem neuen Leben einzurichten. Man hat sie freundlich aufgenommen im Städtchen. In ihrem hübsch möblierten Gemeindeappartement im ehemaligen Leuchtturmwärterhaus fühlt sie sich wohl. Das Großstadtleben vermisst sie nicht. Die Arbeit macht Spaß, vor allem lässt sie ihr, viel Zeit für sich.

Ein fester Programmpunkt in Noras Tagesablauf sind die abendlichen Spaziergänge. Bei jedem Wind und Wetter verlässt sie, soweit sie nichts anderes vorhat, nach dem Abendessen ihre Wohnung. Gewöhnlich geht sie die paar Schritte zum alten Leuchtturm hinab, dann weiter am Wasser entlang um die Halbinsel, auf der sich die Gebäude des Ortszentrums drängen, bis zum Anleger der Linienboote und nach einem Kaffee im Hafenkiosk auf direktem Weg zurück durch die menschenleeren Straßen des Städtchens, vorbei an Stubenfenstern, hinter deren vorgezogenen Gardinen Fernseher flimmern.

Heute ist sie spät dran. Das Postschiff hat bereits angelegt, das geschäftige Treiben des Aus- und Einladens der Güter ist in vollem Gang. Zu dieser Jahreszeit sind nicht viele Touristen auf der beliebten Route unterwegs. Als Nora fröstelnd den Kiosk betritt, rutscht ihr die nasse Kapuze vom Kopf. Sie geht zum Kaffeeautomaten, nimmt einen Maxipappbecher vom Stapel, wählt per Knopfdruck einen großen schwarzen Kaffee und wartet, bis das kochend heiße Getränk in den Becher gelaufen ist. Als sie an der Kasse ihr Wechselgeld entgegennimmt, hört sie hinter sich ihren Namen rufen. Noch während sie ihren Geldbeutel schließt und sich langsam umdreht, fährt die ihr auf einmal sehr vertraut klingende Stimme fort:

„So eine Überraschung! Meine Frau vom Meer hier in diesem finsteren Kaff am Ende der Welt!"

„Morten?"

Ungläubig blickt Nora in das gebräunte Gesicht des etwa gleichaltrigen Manns in blauer Uniform und weißer Kapitänsmütze, die einen deutlichen Kontrast zum schwarzen, von Silberfäden durchzogenen Haar bildet.

Vor Jahren waren sie unten in der Hauptstadt für ein paar Monate ein Paar. Beide spielten in einer Theatertruppe. Es wurde das Ibsen-Stück „Die Frau vom Meer" aufgeführt. Morten war der fremde Seemann, sie Ellida, die Frau vom Meer. Bei den endlosen Proben kamen sie sich näher, wobei sich die Grenze zwischen Schauspiel und Realität nach und nach verwischte. Als Morten in seine Heimat im Westland zurückkehrte, um ein Kapitänspatent zu erwerben, überlebte ihre Beziehung die räumliche Trennung nicht. Es dauerte einige Zeit, bis Nora darüber hinwegkam. Kontakt hatten sie in all den Jahren nicht.

Und nun steht Morten plötzlich vor ihr und lacht:

„Wie du siehst, habe ich meine Pläne von damals verwirklicht. In den letzten Jahren fuhr ich als Kapitän auf Kreuzfahrtschiffen über die Weltmeere, erst vor kurzem wechselte ich zur Hurtigrute, da ich mich um meine alten Eltern kümmern muss. In ihrem Fischerdorf wohne ich, wenn ich nicht auf See bin."

„Und du, was machst du denn hier?"

Mittlerweile hat Nora ihre Fassung wiedergefunden. Sie nimmt einen Schluck vom immer noch sehr heißen Kaffee und beantwortet mit knappen Worten seine Frage. Er hört interessiert zu. Dass sie im Leuchtturmwärterhaus wohnt, scheint ihn zu amüsieren:

„Wie es sich gehört für die Frau vom Meer! – Oh! Verdammt …"

Morten hat den linken Jackenärmel etwas hochgeschoben und blickt auf seine Armbanduhr:

„Ich muss los. Wir legen gleich ab. In genau einer Woche komme ich wieder vorbei. Da geht es nach Süden, mit zwei Stunden Aufenthalt hier. Kannst du dann nicht einfach zum Kai kommen? Ich möchte dich so wahnsinnig gerne wiedersehen."

Ohne ihre Antwort abzuwarten, küsst er sie auf den Mund. Dann ist er weg.

Nora trinkt ihren Kaffee aus. Den Kiosk verlässt sie erst, als das Schiff nur noch ein kleiner werdendes Licht am dunklen Horizont ist. Der Wind hat nachgelassen, aber es regnet immer noch. Von den eisigen Tropfen kann ihr Gesicht gar nicht genug bekommen, als sie langsam am Wasser entlang nach Hause geht.

Wald

Sybille Trapp

Dichter Wald
viele Bäume
kleine Zwischenräume

Lichter Wald
wenig Bäume
große Zwischenräume

Toter Wald
abgestorbene Bäume
leerer Raum
Platz für neues Leben?

Anhang: Hinweis zu den Mundart-Texten

Der Verein Chiemgau-Autoren weiß um den Wert aller Mundart-Formen und fördert sie. Wir haben einige Texte in Mundart auch in diese Anthologie aufgenommen. Sie zeigen – je nach Region – unterschiedliche Varianten der bairischen Sprache auf. Für die schriftliche Wiedergabe ihrer Dialekt-Passagen wählen Mundart-Autorinnen oder –autoren oft eigene Schreibweisen.

Zu Karl-Heinz Austermayer:

Der Autor ist am östlichen Chiemseeufer zu Hause und lebt dort mitten im Chiemgauer Dialekt, den er schätzt, praktiziert und in vielen Gedichten zu bewahren hilft. Seine Themen beschreibt er mit: „ganz einfach über's Leben". Jahrzehntelange Erfahrung als Polizist, als Familienmensch und als engagierter Bürger bieten ihm ausreichend Stoff für seine Mundarttexte.

Zu Gudrun Bielenski:

Als gebürtige Fränkin hat die Autorin ein feines Ohr für ihren Dialekt, insbesondere für das Nürnbergerische, das ihr seit der Kindheit vertraut ist. Ihr liegt viel daran, das fränkische Idiom mit seinem Sprachwitz, seinen Wortschöpfungen und seiner gelegentlich ruppig klingenden, aber menschlich gemeinten Klarheit zu erhalten.

Zu Rosemarie Mußner:

Geboren im nördlichen Chiemgau, lebt sie seit langem westlich des Chiemsees. „Muttersprachlich" vertritt sie den Dialekt der unteren Alz, den sie in dieser Anthologie ihren drei handelnden Personen in den Mund gelegt hat. Die Autorin, selbst Mundartsprecherin, liebt die bairische Sprache und setzt sie beim Schreiben in Dialogen gerne ein.

Zu Sepp Obermüller:

Der Autor, in Prien geboren, also im westlichen Chiemgau zu Hause, begann im Rentenalter zu schreiben. Dabei kann er zahlreichen Eingebungen nachgehen. Er schreibt viele Gedichte in Mundart, deren Reichtum er gut kennt und in seinen gereimten Reflexionen über Themen wie Politik, menschliches Zusammenleben, Umwelt und Natur vielfältig darstellt.

Zu Ingeborg Schmid:

Die Autorin verwendet den Dialekt ihrer Herkunftsregion, des Ötztals. Die Ötztaler Mundart hat sich seit dem 12. Jahrhundert kaum verändert und gilt als „älteste bairische Binnenmundart" (Prof. Luger, Salzburg). Seit 2010 wird Ötztalerisch bei der UNESCO als immaterielles Kulturerbe Tirols gelistet.

Register der Autorinnen und Autoren

Danksagung

Liebe Leserin, lieber Leser,

wir freuen uns und sind stolz, dass wir die Anthologie-Reihe der Chiemgau-Autoren nun mit diesem vierten Band fortsetzen können – nach Band 1 „Trotz.Kollaps.Schreiben" von 2018, Band 2 „Das Salz in der Suppe – sind wir!" von 2019 und Band 3 „Lesen für den Frieden" von 2020. Auch an diesem Schreibprojekt haben sich wieder, wie in den Jahren zuvor, viele Mitglieder mit ein oder mehreren Textbeiträgen beteiligt. Einige Mitglieder haben sich besonders für die Organisation des Schreibprojekts eingesetzt, haben Ideen entwickelt, Texte gesichtet und redigiert, die Veröffentlichung geplant und umgesetzt. Damit haben sie alle das Buch ermöglicht, das Sie, liebe Leserin, lieber Leser, jetzt in Ihren Händen halten.

Als Vorsitzende möchten wir im Namen des Vereins allen herzlichen Dank sagen, insbesondere

Reinhold Schneider für die ursprüngliche Idee, für seine engagierte und verlässliche Projektleitung, die Leitung des Arbeitskreises, die Gesamtleitung bei der Veröffentlichung der Texte, die Gestaltung des Covers und die Erstellung der Druckvorlage;

Uta Grabmüller für die gründliche, kompetente Redaktion aller Textbeiträge, für die Kommunikation mit den Autoren, für die Gestaltung der Covertexte sowie für die konzeptionelle Begleitung des Projekts über all seine Phasen;

Sybille Trapp für das Sammeln und Sichten der Texte und ihr zusammen mit Martin Trautwein für die Unterstützung bei Konzeption und Organisation;

und natürlich allen Autorinnen und Autoren, die bei der Wahl des Themas mitgemacht, Texte für das Projekt geschrieben und für die Veröffentlichung zur Verfügung gestellt haben, die uns ein weiteres Mal mitnehmen in die Innen-, Über- und Zwischenräume ihrer Vorstellungskraft.

Im Namen des Vorstands des „Chiemgau-Autoren e.V."

Waltraud R. Schögler
Sabine Rosenberg